Herausgegeben von

Carla Vollert

# Abenteuer Vanlife

11 Roadtrip-Geschichten über Fernweh, Freiheit und das Leben im Camper

»Abenteuer Vanlife – 11 Roadtrip-Geschichten über Fernweh,
Freiheit und das Leben im Camper«
1. Auflage 2019
von Carla Vollert, Maybachstr. 102, 50670 Köln
erschienen im Wenn Nicht Jetzt-Verlag, Eisenacher Str. 2, 53332 Bornheim



Lektorat: Ramona Krieger | www.silbentaucher.de
Grafik & Satz: Wolkenart - Marie-Katharina Wölk | www.wolkenart.com
Druck: Amazon Media EU S.à.r.l., 5 Rue Plaetis, L-2338, Luxembourg
Bilder: Alle Bilder dieses Buchs sind privat und mit freundlicher Genehmigung der Urheber
ISBN Print: 978-3-947824-12-0
ISBN eBook: 978-3-947824-13-7

**Für Fragen und Anregungen:**
mail@wenn-nicht-jetzt.de
carla@backpack-stories.de
Informationen zu diesem und zu weiteren Büchern aus dem
Wenn Nicht Jetzt-Verlag findest du unter www.wnj-verlag.de.
Weitere Infos zu Backpack Stories findest du unter www.backpack-stories.de.

# Inhalt

# Vorwort

Viele von uns träumen von einer Reise mit dem Bulli: einfach einsteigen, losfahren und sich treiben lassen. »Vanlife« ist ein Gefühl, das sich schwer beschreiben lässt, am ehesten treffen es wohl die Worte »Freiheit« und »Unabhängigkeit«.
Ein Van ist ein kleines Zuhause, das du mitnehmen kannst, wohin du auch möchtest. Deine Reisen können sich dadurch viel mehr ausdehnen und du bist total spontan und flexibel. Was du alles an Abenteuern erleben kannst, wenn du mit dem eigenen Auto unterwegs bist und einen Roadtrip machst, haben wir für dich in 11 spannenden Reisegeschichten aufgeschrieben. Jede Geschichte steht für sich und du begleitest unsere Autoren in einem kleinen Abschnitt ihres Lebens.

**Wie kam es zu diesem Buch?**
Seit 2016 gibt es meine Backpack Stories Events, bei denen du live dabei sein kannst, wenn Reisende ihre Abenteuer erzählen. Diese Veranstaltungen kamen sehr gut an und so habe ich sie deutschlandweit durchgeführt. Leider konnten aber nicht immer alle dabei sein und so entstand 2017 der gleichnamige Podcast, wo du den Reisegeschichten lauschen kannst, egal wo auf der Welt du gerade bist. Der nächste Schritt war dann ganz klar ein Buch. In kurzen Geschichten kannst du hier mit uns verreisen und dich entspannt zurücklehnen. Da das erste Buch so gut ankam, hältst du heute den zweiten Band der Backpack Stories-Reihe in den Händen. Dieses Mal mit dem speziellen Thema Vanlife und Roadtrips, denn das ist eine ganz besondere Art zu reisen und das möchten wir gerne mit dir teilen.

Vielen Dank, dass du uns auf unserem Weg begleitest! Ich wünsche dir viel Spaß beim Lesen!

**Carla Vollert**

# //Zwischen Anden und Amazonas – Bolivien, ein Land voller Gegensätze und Aberglauben

*VON EVA BISANI*

*»And at the end of the day your feet should be dirty, your hair messy and your eyes sparkling.« – Shanti*

Gerade haben wir zum 17. Mal auf unserer Reise entlang der Panamericana eine Grenze überquert. Wie fast immer in Lateinamerika herrscht ein wahnsinniger Trubel und wir fühlen uns wie auf einer Schnitzeljagd: Touristenkarte abgeben, Reisepass abstempeln lassen, Fahrzeugausfuhr beim Zoll und noch bei der Polizei die Daten aus dem Fahrzeugschein und Führerschein in ein Buch eintragen lassen. – Und dann liegt Peru hinter uns. Ein paar Meter weiter die nächste Touristenkarte ausfüllen, ein neuer Stempel im Reisepass, mal wieder ein paar Kopien machen und erneut zum Zoll für die nächste Fahrzeugeinfuhr. Und dann sind wir also in Bolivien, dem ärmsten Land des Kontinents, trotz seiner reichen Öl- und Gasvorkommen. Es ist fast dreimal so groß wie Deutschland, aber nur, weil es seit seiner Unabhängigkeit 1825 die Hälfte seines Territoriums an Argentinien, Brasilien, Chile und Paraguay verloren hat. Am meisten macht den Bolivianern dabei der Verlust des Meeres zu schaffen. Immer noch haben sie eine Marine und versuchen regelmäßig den Meereszugang von Chile zurückzubekommen, aber keine Chance. Bolivien hat mit La Paz auf 3.200 bis 4.100 Metern den höchsten Regierungssitz der Welt und auch in Sachen Staatsstreiche sind sie Rekordhalter. In nur 150 Jahren gab es 200 Putsche und Putschversuche. Der aktuelle Präsident, Evo Morales Ayma, wird wegen seiner Wollpullover in der Welt belächelt und als erster indigener Präsident vom Volk geliebt. Naja, zumindest von einem großen Teil. 2009 hat er die Verfassung geändert, die jetzt die indigene Gerichtsbarkeit mit der staatlichen Justiz gleichstellt. Das heißt, es gibt jetzt nicht nur 36 verschiedene Amtssprachen, sondern auch 36 verschiedene Vorstellungen von Recht. Während die sogenannte Justicia Comunitaria in den entlegenen Dörfern durchaus ihre Berechtigung hat, führt sie in den Armenvierteln von La Paz zum Chaos und zur Lynchjustiz. Davon zeugen auch die Strohpuppen, die in El Alto, dem berüchtigten Vorort von

La Paz, an Laternenmasten hängen und Diebe davor warnen, dass ihnen hier die Maximalstrafe, nämlich der Tod droht.

Aber bevor wir La Paz erreichen, stehen wir im Stau. Denn es ist Wochenende und mit uns wollen unzählige Peruaner zur berühmten Basilika im Wallfahrtsort Copacabana. Die Straßen sind gesäumt mit bunten, überquellenden Verkaufsständen – frische Blumen, bunte Girlanden, leckeres Essen, alles was das Herz begehrt. Wie alle anderen Autofahrer vor und hinter uns, nutzen wir die Zeit des Wartens, um unseren Toyo herauszuputzen. Unser Toyo, das ist ein ausgebauter Toyota HZJ 78 mit Aufstelldach und unser kleines Zuhause seit über einem Jahr. Frische Blumen und kunstvolle Gestecke schmücken die Motorhaube, als wir schließlich vor die Basilika rollen und ein kleiner Mönch den Motor, das Lenkrad, Gaspedal und Bremse segnet. Bei den Straßen, die uns bevorstehen, kann dieser Segen bestimmt nicht schaden. Und nicht nur bei den Straßen. Da wir uns auf einer Halbinsel befinden, geht es für uns nur mit einer Fähre weiter. Gut, Fähre ist ein großes Wort für dieses Holzfloß. Aber auch wenn wir skeptisch sind, bringt es uns doch sicher ans andere Ufer. – Dank des Segens der Jungfrau von Copacabana. In La Paz quartieren wir uns im, bei allen Reisenden bekannten, Hotel »Oberland« ein. Auch wenn der Stellplatz im Hinterhof schon mal etwas eng werden kann, gibt es doch saubere, heiße Duschen und Toiletten, WiFi und sehr leckeres, günstiges Essen. Alles, was das Overlanderherz nach Wochen der Einsamkeit begehrt. Und natürlich trifft man hier auch Gott und die Welt.

Die Zeit in La Paz vergeht wie im Flug. Unser Toyo wird in der Werkstatt mal wieder durchgecheckt und wir schlendern kreuz und quer durch die Stadt. Wobei wir immer wieder fasziniert die Cholas bewundern. Frauen, die weite, mit Unterröcken aufgebauschte Faltenröcke tragen, dazu Stolas mit langen Fransen und auf dem Kopf eine Melone. Also nicht das Obst, sondern die typisch englische Kopfbedeckung. Im 18. Jahrhundert fingen zu Geld gekommene Mestizen, gering geschätzte »Mischlinge«, an, die spanischstämmige Oberschicht nachzuahmen und sich wie sie zu kleiden. Dazu gehörte für Frauen natürlich auch der Hut. 1920 tauschten sie dann den Strohhut gegen die markante Melone. Warum, weiß keiner so genau. Aber angeblich hat ein Händler statt schwarzer Melonen für die Männer, unverkäufliche braune geliefert bekommen. Irgendwie gelang es ihm, diese den Frauen als letzten Schrei in Europa schmackhaft zu machen und so wird sie noch heute stolz getragen. Vom Aussichtspunkt »Killi-Killi« genießen wir den beeindruckenden Ausblick über La Paz, und wir besuchen den Hexenmarkt in der Calle Linares. Hier gibt es so ziemlich alles zu kaufen, was das abergläubische Bolivianerherz begehrt. Alle möglichen Pülverchen und Tinkturen, aber auch Lamaföten, die als Opfer für Pachamama angeblich unter jedem Haus in La Paz begraben sind. Auch Pachamama selbst, die allmächtige Mutter Erde, gibt es als Tonfigur zu kaufen. Gerade haben wir August, der Monat in dem Pachamama mit einem Bärenhunger aus dem Winterschlaf erwacht. Genau die richtige Zeit, um Opferschalen mit Süßigkeiten, Pülverchen und Kräutern zu verbrennen, um Pachamama um Beistand gegen böse Geister, für Erfolg in der Liebe oder ein besseres Gehalt zu bitten.

Nach fast einer Woche in La Paz geht es dann für uns über die carretera de la muerte, die berüchtigte Todesstraße, hinab in die Yungas, das bolivianische Tiefland. In weniger als 100 Kilometern vom Pass Abra La Cumbre auf 4.650 Metern, bis nach Coroico auf 1.750 Metern. Eine abenteuerliche Bergstraße in wunderschöner Landschaft. Mittlerweile gibt es auch eine asphaltierte Alternative, aber da diese 80 Kilometer länger ist, fahren immer noch einige Bolivianer die alte Todesstraße. Dazu kommen abenteuerlustige Touristen, Backpacker, die von La Paz aus eine Fahrradtour gebucht haben und wir. Am höchsten Punkt der Passstraße halten wir nochmal an, umgeben von der rauen und kargen Berglandschaft der Anden. Unser Blick geht hinunter Richtung Amazonas. Dicke Nebelschwaden kommen uns entgegen und bringen die Feuchtigkeit des Regenwaldes mit sich. Als wir die Augen schließen, meinen wir schon die Wärme zu spüren und die feuchte Erde der Tropen zu riechen. Während wir ins Tal blicken, hält neben uns ein LKW an. Der Fahrer hat eine Schnapsflasche in der Hand und segnet damit erst die Reifen seines LKWs und dann den Boden um sich herum. Eine Opfergabe an Pachamama. Und dann fährt er los auf eine Straße, die kaum breit genug für zwei Fahrzeuge ist. Ohne Seitenbefestigung geht es zum Teil hunderte Meter senkrecht in den Abgrund. Neugierig, etwas zögerlich, mit Vorfreude und einem leichten Bangen steigen auch wir wieder ins Auto und folgen ihm. Hier herrscht Linksverkehr, damit der Bergabfahrende den Abgrund besser im Blick hat. Definitiv nichts für Menschen mit Höhenangst, denn zum Teil trennen nur wenige Zentimeter unsere Reifen vom Abgrund. Wir haben Glück mit dem Wetter, es ist trocken und die Sicht ist gut, so dass die Strecke am Ende nicht ganz so dramatisch ist, wie befürchtet und wir wohlbehalten in Coroico ankommen. Bevor wir von Coroico weiter nach Rurrenabaque fahren können, müssen wir noch einen Tag ausharren, denn auf der weiteren Strecke gibt es mehrere Baustellen, die nur nachts und am Sonntag geöffnet sind. Und nachts wollen wir die abenteuerlichen Straßen hier weiß Gott nicht fahren. Auch nicht mit dem Segen der Jungfrau von Copacabana.

Es ist Sonntagmorgen 5:30 Uhr, als wir die noch schlafende Ortschaft Coroico verlassen. Noch ist es stockdunkel. Über 300 Kilometer Staub, Schlaglöcher, Wellblech und Baustelle liegen vor uns. Teilweise nicht weniger abenteuerlich als die berüchtigte Todesstraße, dafür aber mit viel mehr entgegenkommenden und überholenden Bussen, Colectivos und LKW. Und wie auf der Todesstraße herrscht auch hier immer mal wieder Linksverkehr, damit der bergabfahrende Fahrer besser sehen kann, wie viele oder besser gesagt, wie wenige Zentimeter die Reifen noch vom Abgrund entfernt sind. Allerdings wechselt das mit dem Rechts- und Linksverkehr so häufig hin und her, dass wir, als uns ein Bus hupend entgegenkommt, beim besten Willen nicht mehr wissen auf welcher Seite wir denn jetzt fahren müssen. Im letzten Moment können der Busfahrer und wir uns einigen. Puh, das war knapp! Wir sind noch nicht wirklich weit gekommen, da versperrt ein Erdrutsch die Straße. Die piependen Baumaschinen sind schon fleißig bei der Arbeit, aber trotzdem warten viele hier schon seit zwei Tagen auf ein Durchkommen. Zum Glück dauert es nur noch zwei Stunden, als wir ankommen. Als es dann endlich weitergeht, halten wir die Luft an. Links geht es hunderte Meter steil bergab und rechts rieselt immer noch die Erde nach. Die Fahrspur ist so weich, dass sich bereits wieder tiefe Spurrillen gebildet haben – lange hält das bestimmt nicht … Wir sollten recht behalten. Zwei Tage später erreicht uns die Nachricht, dass die Straße wieder abgerutscht ist. Als wir fix und alle und total eingestaubt den Campingplatz »El Mirador« in Rurrenabaque erreichen, ist es seit zwei Stunden bereits dunkel. Für 300 Kilometer haben wir weit über 10 Stunden gebraucht.

Nach dieser Fahrt würden uns keine zehn Pferde dazu bekommen, am nächsten Tag weiterzufahren. Aber das ist auch gar nicht nötig. Es gefällt uns so gut, dass wir gleich eine Woche hängen bleiben. Es ist endlich wieder angenehm warm, nein heiß, und das kühle Bier schmeckt. Der erfrischende Pool lockt, wir haben einen traumhaften Ausblick auf den Ort und das weite, grüne Amazonastiefland. Der Ort ist entspannt und hat alles, was wir gerade brauchen. Der super nette schweizer

Besitzer versorgt uns jeden Morgen mit frischen Brötchen und jeden Abend mit spannenden Geschichten aus seinem Leben. Müssten wir nicht nach 30 Tagen wieder das Land verlassen, wären wir wohl noch länger geblieben. Als wir Rurrenabaque schließlich Richtung Trinidad verlassen, dauert es nicht lange, bis unser Toyo und wir wieder total eingestaubt sind. Das wir jeden Abend vorm Schlafengehen den Innenraum putzen gehört hier zur Routine. Und das obwohl wir bei jedem entgegenkommenden Fahrzeug wie die Verrückten die Fenster hochkurbeln, die Lüftung schließen und bei weit über 40 Grad im Auto hecheln, bis sich der Staub wieder gelegt hat. Schnell Fenster runterkurbeln und gierig die Luft einsaugen, bevor das Spiel wieder von vorne beginnt. Elektrische Fensterheber und eine Klimaanlage kennt unser Toyo nicht. Hinter Trinidad biegen wir auf die Missionsroute ab. Hier haben sich im 17. Jahrhundert die Jesuiten ausgetobt und hübsche Kirchen hinterlassen. Aber ansonsten gibt es hauptsächlich staubige Wellblechpisten und sonst nichts. Noch nicht mal Milch und Butter kann man hier kaufen. Und nachdem wir nach hunderten von Kilometern, die wir durchgerüttelt und geschüttelt worden sind, schon fast durchdrehen, erreichen wir endlich wieder Asphalt. Welch eine Wohltat! So schön ruhig! Und so unstaubig! Wer hätte gedacht, dass wir uns mal so sehr über eine richtige Straße freuen würden. Bevor unsere Aufenthaltserlaubnis ausläuft, verlassen wir Bolivien und reisen nach Brasilien ein. Aber nicht für lange. Zuviel gibt es in Bolivien noch zu entdecken, und so betreten wir nach nur einer Woche das Land wieder auf dem gleichen Weg, wie wir es verlassen haben. Langsam verlassen wir das bolivianische Tiefland und klettern Meter um Meter wieder in die Höhen der Anden. In Samaipata sind wir auf den Spuren des berühmten Ernesto Rafael Guevara de la Serna, besser bekannt als Che Guevara, unterwegs. Laut Time Magazine übrigens einer der 100 einflussreichsten Menschen des 20. Jahrhunderts. Nachdem er ja in Kuba sehr erfolgreich war, wollte er es auch in Bolivien wissen. Aber naja, es hat nicht ganz geklappt.

Wir passieren Vallegrande, wo Che nach seiner Hinrichtung heimlich vergraben wurde – mittlerweile liegen seine Überreste allerdings in einem schicken Mausoleum auf Kuba –, und übernachten in La Higuera am alten Telegrafenamt. Ein wirklich historischer Ort, denn von hier wurde im Oktober 1967 das Telegramm gesendet, das ihn verpfiffen hat. Nur wenig später wurde er verwundet und gefangengenommen und in der Schule von La Higuera hingerichtet. La Higuera ist ein niedliches und total verschlafenes Nest – und damit meine ich wirklich total verschlafen. Neben einer großen Büste von Che stehen hier keine zehn Häuser. Außer der jungen, französischen Besitzerin des Campingplatzes begegnen wir einem alten Opi und einem kleinen Jungen, drei streunenden Hunden und einer Handvoll Hühner. Am nächsten Tag erreichen wir Sucre, die Hauptstadt Boliviens. Zumindest ist sie das offiziell. Anders als La Paz ist die Bevölkerung hier viel jünger und moderner, was wohl auch an den diversen Universitäten liegt. Wir fühlen uns wohl hier. Vom Hostel Pachamama, wo wir unseren Toyo sicher zwischen Blumenrabatten im Innenhof parken, erkunden wir die Stadt. Oder vielmehr futtern uns durch die Stadt. Von frischen Säften über Zitroneneis mit Zuckerwatte und Schwarzbiereis mit kandierten Erdnüssen, köstlichen Pralinen, Pizza und Currywurst ist alles dabei.

Von Sucre geht es weiter hinauf in die Anden. Dass die einzige Verbindungsstraße nach Potosí, unser nächstes Ziel, wegen eines Autorennens für ein paar Stunden gesperrt ist, wundert uns eigentlich nicht. Aber der Müll und der kleine Schneesturm um die Silberstadt herum gefallen uns nicht wirklich, und so erreichen wir nach nur einem Zwischenstopp die Ortschaft Uyuni, am Rande des größten Salzsees der Welt. So groß, dass man ihn sogar aus dem Weltall sehen kann. Bevor wir uns aber auf das Abenteuer einlassen, den Salzsee selbst zu befahren, heißt es nochmal volltanken. Und nachdem wir schon diverse Kilometer in Bolivien gefahren sind und sage und schreibe 14 Mal getankt haben, können wir nur eins mit Sicherheit sagen: Man weiß nie, was einen erwartet. Offiziell ist es so, dass Ausländer in Bolivien mehr für den Kraftstoff zahlen müssen als Einheimische. Und nicht nur ein bisschen mehr, sondern gleich das 2,5-Fache. Als wenn das nicht schon ärgerlich genug wäre, wird der arme Tankwart dazu verpflichtet, zwei unterschiedliche Quittungen auszufüllen. Eine über den einheimischen Preis und eine über die Differenz. Natürlich nur auf den offiziellen Quittungsblöcken aus La Paz, mit Namen des Fahrers, Führerscheinnummer und Kennzeichen. Da kann das Tanken schon mal eine halbe Stunde dauern. Vorausgesetzt der Tankwart hat die richtigen Quittungsblöcke da und hat Lust diese auch auszufüllen. Ansonsten heißt es einfach: Wir verkaufen nicht an Ausländer. Schöner Mist! Wenn die Tankstelle dann moderner wird und die Quittung am Computer erstellt wird, scheitert man daran, dass das Computersystem ausländische Kennzeichen nicht akzeptiert. Manchmal kann man auch mit dem Tankwart verhandeln – trotz Kameraüberwachung. Dann gibt es ohne Quittung Kraftstoff zum Schwarzmarktpreis. Wir sind glücklich, weil es billiger ist und der Tankwart hat sein Feierabendbier gesichert. Aber es gibt auch die Tankwarte, die noch nie etwas vom Preis für Ausländer gehört haben und uns verständnislos angucken und wortlos auf die Zapfsäule zeigen, wenn wir nach dem Preis fragen. Es geht aber auch noch komplizierter. Da darf man dann nicht mit ausländischem Kennzeichen auf die Tankstelle fahren. Stattdessen parkt man etwas abseits und schnappt sich den Ersatzkanister. Dann geht es erst zum Kassenhäuschen, wo bezahlt wird und die Quittung mit einer erfundenen bolivianischen Führerscheinnummer ausgefüllt wird. Damit geht es zur Zapfsäule und am Auto kontrolliert dann noch das Militär, dass auch der Kraftstoff wirklich ins Auto umgefüllt wird. Ganz schöne Sauerei, wenn man keinen vernünftigen Trichter dabei hat, aber zumindest zahlen wir so nur den einheimischen Schnäppchenpreis. In Uyuni aber geht alles seinen geregelten Gang, wir zahlen brav unseren Ausländerpreis und erhalten zwei fein säuberlich ausgefüllte Quittungen. Uyuni selbst ist ein dreckiges Kaff am Rande des Altiplanos, dieser riesigen, im Schnitt über 3.600 Meter hohen Hochebene in den Anden. Wenn es von hier aus nicht mehr nur wenige Kilometer bis zum größten Salzsee der Welt wären, gäbe es wohl keinen Grund, überhaupt hierher zu kommen. Aber so heißt es nochmal randvoll tanken, Wasser auffüllen, Vorräte aufstocken, noch ein letztes Mal eine heiße Dusche genießen und auf geht es ins Abenteuer.

Ab jetzt liegen 600 Kilometer Salzwüste und die Wildnis des Altiplanos vor uns, bevor wir San Pedro de Atacam in Chile erreichen werden. Bis dahin gibt es keine Möglichkeit mehr zu tanken, einzukaufen oder überhaupt irgendeine Art von Infrastruktur, oft noch nicht mal eine Schotterstraße. Als wir die ersten Meter auf die Salzkruste des Salar de Uyuni rollen, sind wir schon ganz schön nervös. Bis zu 72 Meter ist der See tief und bis zu 30 Meter ist die Salzkruste dick – aber eben nur »bis zu«. Doch schon nach wenigen Kilometern werden wir immer mutiger. Uns umgibt nichts als gleißendes Weiß und strahlendes Blau. Jedes Gefühl für Geschwindigkeit und Zeit geht verloren, als wir dahingleiten, das leise Knirschen der Salzkristalle unterm Profil. Das Ufer verschwindet langsam aus unserem Blickfeld. Bis zum Horizont nichts als weiße, glitzernde Kristalle, die ein Viertel der Schweiz bedecken würden. Es ist faszinierend, unwirklich, lebensfeindlich und absolut still. Zumindest bis wir die Isla Incahuasi mit ihren über 1.000 Jahre alten Kakteen erreichen, wo ein Tourjeep nach dem anderen angebraust kommt und wieder verschwindet.

Nach zwei Tagen düsen auch wir weiter, verlassen die Salzwüste. Wir kommen vorbei an einsamen Hütten und riesigen Lamaherden, aber kaum einer Menschenseele. Irgendwann enden die offiziellen Straßen, weiter klettern wir über Steine, rumpeln über Wellblechebenen und treiben durch tiefen Sand. Und während eben noch die Landschaft karg und trostlos wirkte, sieht es plötzlich aus, als hätte jemand seine Farbeimer verschüttet. Die Berge wirken so gestochen scharf vor dem kornblumenblauen wolkenlosen Himmel. Sie wechseln von schiefergrau mit leuchtenden, gelben Grasbüscheln, zu rostrot, braun und orange, bestäubt mit in der Sonne glitzerndem Schnee. Dazwischen tief blaue, matt türkis oder leuchtend erdbeerrote Lagunen, gespickt mit blass rosa und poppig pinken Flamingos. Aber im Gegensatz zu uns scheint ihnen das raue Wetter nicht viel auszumachen, selbst wenn ihre Füße morgens im eisigen Wasser eingefroren sind. Minus neun Grad zeigt das Thermometer an, wenn wir morgens erwachen. Glitzernde Eiskristalle zieren das Wageninnere, und während das Wasser im Wassertank gefroren ist, ist es in unserer Kühlbox tatsächlich wärmer als im Auto. Aber mehr noch als die Kälte macht uns der unnachgiebige Wind zu schaffen. Er peitscht uns den Sand ins Gesicht, schleudert Steine gegen das Auto und manchmal können wir bei der Fahrt kaum noch bis zur Motorhaube gucken. Und so kämpfen wir uns weiter und weiter, bis wir auf 5.020 Metern den bolivianischen Zoll erreichen. Ja, auch in dieser Wildnis geht nichts ohne Bürokratie. Es pfeift ein eisiger Wind und ich habe das Gefühl, dass er den eh schon wenigen Sauerstoff noch mit sich davon weht. Wir sind froh, als wir unsere Papiere abgestempelt haben und langsam wieder etwas tiefer kommen. Nach weiteren 60 Kilometern stehen wir dann an der Grenze nach Chile und das erste Mal auf unserer Reise zahlen wir freiwillig eine »inoffizielle« Ausreisegebühr von 15 Bolivianos (1,50 €) pro Person. Aber wir haben keine Lust mehr auf Diskussionen. Wir wollen nur noch in wärmere

Gefilde mit mehr Sauerstoff. Wie kann eine so wunderschöne Landschaft so lebensfeindlich sein?

Als wir vor über zwei Monaten nach Bolivien einreisten, wussten wir nicht, was uns erwarten würde. Wir hatten keine Vorstellung. Das Land hat uns einiges abverlangt und mehr als einmal aus unserer Komfortzone geschubst. Aber es hat uns auch begeistert wie kaum ein anderes Land – mit seinen Traditionen, seinen einzigartigen Naturschönheiten und seinen vielen Gegensätzen.

## //Drei Fragen zum Schluss:

**Wie viel Angst hattest du auf der Todesstraße wirklich?**
Auf der Todesstraße hatte ich tatsächlich keine Angst. Wir sind davor schon einige Straßen in den Anden gefahren, die weitaus schlimmer waren. Mir ist nur einmal das Herz in die Hose gerutscht und das war, als Lukas für ein Foto aufs Autodach geklettert ist. Da aber in dem Moment ein LKW die Straße hochkam, ist er nur wenige Meter vom Abgrund entfernt wieder vom Dach gesprungen. Ich stand gut 300 Meter entfernt, um Fotos zu machen und aus der Perspektive sah es so aus, als wäre es mehr als nur knapp gewesen ...

**Was war das Interessanteste, was du auf Reisen gegessen hast?**
In Mexiko frische Mangos, Papaya und Ananas mit Chilipulver und Limettensaft, in Peru Suppe mit Hühnerfüßen, in Brasilien Popcorn in Kondensmilch getränkt, in Santiago de Chile Hamburger mit Kochbanane und in Patagonien Hotdogs mit Avocadocreme.

**Welche Länder hast du in Südamerika noch bereist und was war da der schönste Moment?**
Wir haben auf dieser Reise entlang der Panamericana den südamerikanischen Kontinent einmal komplett von Kolumbien im Norden bis nach Argentinien im Süden bereist.
Dazwischen waren wir in Ecuador und Peru, Brasilien, Chile und Uruguay. Was der schönste Moment war? Das kann ich gar nicht sagen. Dafür gab es einfach zu viele. Und ich habe das Gefühl, ein Vergleich würde die Magie der vielen anderen Erinnerungen nehmen, würde ein Land nicht für das schätzen, was es ist.

## Über die Autorin

Hey, ich bin Eva. Im Mai 2012 haben wir, das sind Lukas und ich, zuhause alle Zelte abgebrochen und sind aufgebrochen ins Abenteuer. Zwei Jahre lang haben wir in einem Toyota Landcruiser die Panamericana bereist. Mittlerweile haben wir den Toyota gegen einen Allrad Sprinter eingetauscht und verbinden auf unserem Blog »Travel into the Blue« unsere beiden Lieblingsbeschäftigungen – Reisen und Stand Up Paddling. Dort gibt es spannende Geschichten, viele nützliche Tipps zum Vanlife und SUPen, unsere schönsten SUP Spots und demnächst auch Touren mit uns zu entdecken.

www.travelintotheblue.de

# //Die Reise in mein neues Leben – Ein Roadtrip in die Türkei

*VON LISA RUDOLPH*

*»She believed she could, so she did.«* – R. S. Grey

Eigentlich war es eine verrückte Idee, mir ein Wohnmobil zu kaufen, denn ich hatte überhaupt keine Erfahrungen damit. Doch von da an tauchte ich in ganz neue Welten ein und hatte mit diesem Schritt offenbar meinen Weg im Leben gefunden. Mit dem Wissen, wie sich richtige Entscheidungen anfühlen, kam eins zum anderen: Nachdem ich in einem Blog erfahren hatte, dass es Menschen gibt, die im Wohnmobil leben – dieser Gedanke existierte in meiner Welt bis dahin nicht –, war ich ebenso erstaunt wie fasziniert davon und wusste: Das werde ich ausprobieren!

Ein weiteres Jahr verging, bevor ich dieses Vorhaben in die Tat umsetzen konnte. Als nach einem halben Jahr Arbeitsaufenthalt in der Türkei klar war, dass ich ein weiteres Jahr dort leben werde, entschied ich kurzerhand, dass nicht Deutschland, sondern die Türkei das Land werden sollte, in dem ich das Leben im Wohnmobil starte. In den Sommerferien leitete ich die nötigen Schritte ein, um mein Wohnmobil dorthin mitzunehmen, wie beispielsweise das Umschreiben auf meinen Namen sowie einige Optimierungen am und im Fahrzeug, für den langen Aufenthalt im Süden.

***

Dann war der große Moment endlich gekommen: Ich drehte den Zündschlüssel um und mein kleines Wohnmobil rollte vom Hof meiner Homebase, auf dem Weg zur längsten und weitesten Reise, die es mit seinen 22 Jahren wohl je angetreten ist. Mit an Bord: Mein Bruder und jede Menge abenteuerliche Neugier auf das, was vor uns lag.

Dabei war es nicht nur für mein Wohnmobil die längste Reise. Auch ich habe noch nie eine einfache Reisestrecke von rund 3300 Kilometern zurückgelegt. Große unbekannte Flecken auf meiner geistigen Landkarte sollten mit buntem Leben gefüllt werden. Mittlerweile kann ich den Weg, den wir damals

gefahren sind, aus dem Flugzeug nachvollziehen, wenn ich in die Türkei fliege: unverkennbare Landschaften, wie zum Beispiel die Kotor-Bucht in Montenegro oder die drei »Finger« von Chalkidiki in Griechenland erkenne ich problemlos aus der Luft und weiß, da unten bin ich mit meinem kleinen Wohnmobil entlanggefahren.
Doch von vorne …

Wir hatten maximal 19 Tage, bis wir mit dem Wohnmobil in Izmir sein mussten. Ich war sehr froh, dass mein Bruder mich auf dem Weg durch unbekannte Länder wie Montenegro, Bosnien und Herzegowina sowie Albanien begleitete. Ebenfalls war ich dankbar dafür, dass ich mit ihm einen fähigen Fahrer, Hobby-Mechaniker und Ingenieur an meiner Seite hatte.
Nach einem Zwischenstopp bei Freunden in München ging es dann richtig los. Wir wollten am ersten Tag möglichst viel Strecke machen und bestenfalls einen Großteil Kroatiens hinter uns lassen. 750 Kilometer, zwölfeinhalb Stunden und drei Grenzübertritte später waren wir kurz vor Zadar angekommen. Wir gönnten uns ein leckeres kroatisches Abendessen, mit Blick auf die gegenüberliegende Bucht und das Wohnmobil und stießen darauf an, so schnell am Meer angekommen zu sein. Nachdem wir mit den Fahrrädern wieder zurück am Wohnmobil waren, ketteten wir diese an den Trittstufen an. Wir waren zu müde, um sie auf den Fahrradträger zu schnallen und gingen bald schlafen. Aus dem Bett genossen wir noch den Blick auf entfernte Blitze. Doch leider kamen sie schnell näher und brachten auch heftigen Sturm und Regen mit. Das Wohnmobil schaukelte und schaukelte, und draußen donnerte und stürmte es. Ich lag wach, an Einschlafen war nicht zu denken. Julian schien es da besser zu gehen. Ich hätte mich ja einfach ans Steuer gesetzt und umgeparkt, aber wie, mit zwei Fahrrädern, die an die Trittstufe gekettet waren und den zwei Auffahrkeilen unter den Rädern?

Dies war das erste und letzte Mal, dass mein Wohnmobil in der Nacht nicht abfahrbereit war. Ich wusste, ich würde kein Auge mehr zubekommen bei diesem Wetter, was der Laune am Folgetag sowie der Fahrtüchtigkeit in keiner Weise zuträglich gewesen wäre. Also entschied ich mich für das geringere Übel und weckte meinen Bruder, um gemeinsam mit ihm alles auf und im Wohnmobil zu verstauen und einen ruhigeren Platz für die restliche Nacht zu finden. Es war gar nicht so einfach bei Blitz, Donner, starkem Wind und Dunkelheit die Räder auf den Fahrradträger zu bekommen, vor allem, weil noch die nötige Routine fehlte. Doch als dies geschafft war, war die Nachtruhe gerettet und am nächsten Morgen konnten wir die Reise erholt fortsetzen.



***

Nachdem wir das Wohnmobil aus der viel zu engen Straße heraus bugsiert hatten, in der wir nachts windgeschützt gestanden hatten, spielten wir den Rest des Tages auf Kroatiens wunderschönen und mautfreien Landstraßen unfreiwillig »Stauanfang« – sehr zum Leidwesen der vielen besser motorisierten Landsleute und Urlauber.
Wir fuhren durch Regengüsse auf der einen Seite des Küstengebirges und auf der anderen Seite strahlte uns die Sonne entgegen. In Makarska, ebenfalls eine Perle an der kroatischen Küste, aßen wir die leckersten Crêpes und gelangten mit einem Trick an das am Automaten nicht lösbare Tagesticket für die gesamte Parkzone 1, direkt am Meer. Ursprünglich wollten wir in dieser Zone nur kurz etwas erledigen und frühstücken. Doch ehe wir uns versahen, stand ein Mann mit Knöllchen vor dem Wohnmobil. Wie auch bei uns gilt: einmal ausgestellt ist nichts mehr zu machen. Dieses an einem Sonntag zu bezahlen, gestaltete sich gar nicht so einfach, weil man die Zahlung bei der Post oder an Kiosken vornehmen muss, die auch in Kroatien

sonntags geschlossen sind. Wir wollten aber am nächsten Tag bereits in Montenegro sein, also einigten wir uns mit dem Knöllchenmann darauf, dass wir ihm das Geld geben und er es am nächsten Tag für uns einzahlen würde. Wir machten Beweisfotos und hofften, an der Grenze nicht wegen eines nicht gezahlten Strafzettels Ärger zu bekommen. Da wir nun schon mal das »VIP-Parkticket« ergattert hatten, machten wir einfach das Beste draus und verbrachten den restlichen Tag in dieser schönen Stadt am Meer. Klar ist es ärgerlich, für so etwas Geld zahlen zu müssen. Auf der anderen Seite sagten wir uns: Wenn es das einzige ist, was auf dieser Reise »Schlimmes« passiert, soll es bitte so sein! Trotzdem sollten wir wenige Tage später an einem Grenzübergang ziemlich ins Schwitzen kommen …

Wir hielten uns weiter an die Adria-Magistrale, die es sich wirklich zu fahren lohnt! Berge auf der einen Seite, das Meer auf der anderen. Streckenweise schraubt sich die Küstenstraße in atemberaubende Höhen und der steile Abgrund ist nur wenige Meter entfernt. Die kroatische Küste wird auf einer Länge von acht Kilometern von Bosnien-Herzegowina unterbrochen. Das bedeutet normalerweise nur zwei zusätzliche Grenzübertritte. Wir entschieden uns für einen kleinen, aber sehr lohnenswerten Abstecher, um einen ersten Eindruck von Land und Leuten zu bekommen und besuchten den Wallfahrtsort Medugorje sowie die Kravica Wasserfälle.

Zurück in Kroatien, spulten wir in Dubrovnik das Touri-Programm in Rekordzeit ab (denn hier ist Parkzeit wirklich Geld!) und kamen schließlich in einem weiteren, uns fremden Land an.

Obwohl Montenegro von manchen Reisezeitschriften als Geheimtipp betitelt wird, fanden wir uns fast ständig in einer einzigen Autokolonne von Urlaubern wieder. Wir entschieden uns an der Bucht von Kotor – mit umgebenden, sehr hohen

Bergen, die die Bucht skandinavischen Fjorden ähneln lassen – gegen den schnellen Weg mit der Fähre und fuhren die gesamte Küste dieser Bucht ab. Dieser Umweg lohnte sich! Hier ging es wesentlich ruhiger zu. Aber vor allem der Ausblick auf diese faszinierende Kombination aus Bergen und Wasser war einmalig. Anstatt nahe der namensgebenden Stadt auf die Burg von Kotor zu steigen, entschieden wir uns bei der Hitze für den atemberaubenden Ausblick auf diese Kulisse vom Wasser aus, und verschafften uns hier gleichzeitig eine kleine Abkühlung. Die Erfrischung hielt auf der Weiterfahrt leider nicht lange an, da die Straße sehr schmal war und es bei Gegenverkehr immer wieder ziemlich eng wurde. Zurück auf gut ausgebauten Straßen machten wir noch einige Kilometer Richtung Süden gut. Auf der Suche nach einem Campingplatz für die Nacht waren wir froh, zu zweit zu sein. So konnte bei zu steil oder eng scheinenden Zufahrten einer von uns aussteigen und erstmal die Lage checken, sodass wir uns nicht in weitere Engstellen oder Feldwege manövrierten.

Im Gegensatz zum unendlich lang gezogenen Kroatien durchquerten wir dieses kleine Land in Rekordzeit. Dafür standen wir beim Grenzübertritt von Montenegro nach Albanien mit einigen anderen Fahrzeugen lange in der Schlange, die sich nur alle fünf Minuten um eine Autolänge weiterbewegte. Spritsparend wie ich bin, schaltete ich jedes Mal den Motor aus und wieder an. Endlich waren wir an der Reihe, also Motor an – oder auch nicht … Die Batterie hatte Stoff und gab alles, aber der Motor gab keinen Mucks von sich. Mir war das ultimativ peinlich, da die Autos hinter uns ja auch warteten, und es gegenüber den Grenzbeamten wahrlich nicht den besten Eindruck machte. Ob sie so einen Wagen überhaupt auf ihren Straßen haben wollten? Tausend Gedanken schossen mir durch den Kopf, während selbiger wohl mehr damit beschäftigt war, aufgrund der Hitze und des hinzugekommenen erhöhten Stresspegels, Schweißperlen zu produzieren. Letztlich blieb uns nichts anderes übrig, als dass Julian das Wohnmobil mithilfe eines Polizisten über die Grenze schob – mit mir etwas verloren am Steuer –, vorbei am Grenzhäuschen auf den Seitenstreifen.

Schnell liefen wir mit Pässen und grüner Karte zum Schalter zurück, wo die Grenzbeamten einen recht entspannten Eindruck auf uns machten, wir uns den Stempel selbst in den Pass stempeln durften und so, offiziell und legal, mit unserem nicht-motorisierten Fahrzeug nach Albanien eingereist waren. Das Wohnmobil stand nun passenderweise vor einer Wand, die über und über mit Graffiti-Werbung für Abschleppdienste übersät war. Es war offenbar nicht das erste Fahrzeug, dem der Grenzübergang in der sengenden Sommerhitze zu schaffen machte. Schneller als man »Abschleppdienst« sagen kann, belagerte uns ein Albaner, der uns mit seinem Taxi in die nächstgrößere Stadt, Shkodra, bringen wollte, um dort Ersatzteile zu holen. Ja, wenn wir denn gewusst hätten, welche! Aber ich hatte nicht umsonst einen Ingenieur an Bord: Kurze Zeit später war alles Werkzeug aus den Schränken geräumt und auf den Sitzen, dem Armaturenbrett, im Motorraum und ums Wohnmobil herum verteilt. Der Blick unter die Motorhaube brachte nicht sofort die gewünschte Erleuchtung, aber viel kann an so einem alten Saugdiesel nicht kaputt sein. Während mein Bruder sich durch mittlerweile viele Köpfe und noch mehr schlaue Ratschläge auf Albanisch den Weg in den Motorraum bahnte, nahm ich die Notrufnummer meines Automobilclubs in Anspruch. 60 Euro und eine gefühlte halbe Stunde später, wusste mein Gesprächspartner unter anderem, wie viele Gurte mein Fahrzeug hat und kümmerte sich mit einem Sammelsurium an wichtigen und unwichtigen Informationen um alles Weitere. In der Zwischenzeit hatte sich ein Polizist hinzugesellt, der angeblich auch Ingenieur war. Vor lauter Gewusel rund ums Wohnmobil hatten wir nicht mehr nach jeder »Reparatur« versucht, den Wagen zu starten, und nachdem auch der albanische Ingenieurs-Polizist Hand angelegt hatte, wagte ich einen neuen Versuch.

Und siehe da, der Motor schnurrte wieder, als wäre nichts gewesen! Schlagartig waren wir für die meisten somit uninteressant, bedankten uns aber noch sehr herzlich bei allen. Wir sammelten unser Werkzeug wieder ein, verstauten es und mussten alles noch einen Moment bei laufendem Motor sacken lassen, bevor es weitergehen konnte.

Beschlossene Sache war: der Zündschlüssel würde heute nicht mehr bewegt werden, bis wir die abendliche Ruhestätte gefunden hatten! So tuckerten wir nach zwei Stunden an der Grenze endlich weiter durch Berge, vorbei an vielen Burgen und Festungsanlagen, ersten Straßenverkaufsständen, über verwaiste Eisenbahnschienen, bis auf die Autobahn. Wir passierten verlassene Hotels, die früher bestimmt sehr prächtig in der Landschaft gestanden hatten und eine Brücke – eine nicht gerade sehr vertrauenswürdige Brücke … Laut Schild zwar nur 318 Meter lang, aber die hatten es in sich. Unzählige Male geflickt und alle 20 Meter eine beachtliche Querrille, bei deren Anblick ich schon mein ganzes Wohnmobil erzittern hörte. Aber so langsam waren wir solche Straßen gewohnt, wagten es und schafften unsere 2,8 Tonnen sicher auf die andere Seite. Trotzdem fragte ich mich, ob diese Brücke noch stehen würde, wenn ich hier mit meinem rollenden Zuhause wieder zurückkäme. Vorbei an immer mehr Moscheen hielten wir Ausschau nach einem Nachtquartier. Sehr selten sah man in Albanien Schilder, die auf einen Campingplatz hinwiesen. Das Angebot unserer Campingführer war ebenfalls äußerst überschaubar und so fuhren wir einen in einer App angegebenen Campingplatz an. Zuvor erwischten wir die falsche Ausfahrt und drehten so eine Runde durch die angrenzende Stadt, die nicht mehr als eine Stichstraße mit Kreisverkehr am Ende zu sein schien. Die Seitenstraßen gingen sofort in Feldwege über. Als wir den anscheinend richtigen Weg gefunden hatten, dieser aber immer enger wurde, joggte ich das restliche Stück, um die Lage zu checken. Da war er, der Campingplatz: Echt ein tolles Gelände, viele große Pinienbäume, die sicher gut zur Begrenzung der einzelnen schattigen Parzellen dienten. Aber das Tor war geschlossen. Weit und breit niemand zu sehen, außer ein paar Kindern, die dort spielten. Auch keine Wohnmobile. Dieser Campingplatz schien genauso verwaist zu sein, wie die Hotelanlage gegenüber.

Also zurück zum Wohnmobil, wenden und ... RUMMS! Ein Müllcontainer. Kann man schon mal übersehen, wenn man die Rückfahrkamera nicht eingeschaltet hat. Zum Glück war nichts kaputt. Wir waren einfach geschafft vom langen, anstrengenden Tag. Glücklicherweise war uns zuvor an der Hauptstraße des Ortes ein Hotel mit großem Parkplatz aufgefallen. Das steuerten wir nun an und starteten das erste Mal den Versuch: Übernachten auf einem Privatparkplatz gegen Einkehr. Hungrig wie wir waren, waren wir überglücklich über die Zusage, dort bleiben zu dürfen und stellten endlich den Motor des Wohnmobils ab – in der Hoffnung, er würde am nächsten Tag wieder anspringen.

Ein Deutsch sprechender Mitarbeiter des Hotels kam sogar noch zu uns und ließ uns wissen, dass wir gerne auch die Sanitärräume im Hotel nutzen könnten. Wir freuten uns sehr über die große Gastfreundschaft der Albaner!

Noch hungriger, aber frisch geduscht und wieder ansehnlich, nahmen wir kurz darauf im Garten des Hotel-Restaurants Platz, genossen unser Abendessen in dieser warmen Sommernacht und gaben entsprechend Trinkgeld. Währenddessen gab auch schon die angekündigte albanische Band ihre rhythmischen Lieder zum Besten. Ein kleiner Abendspaziergang zum Strand und die Straße entlang, gab uns einen ersten Einblick in albanisches Leben: laut, lebendig, wach. Sogar die Kinder spielten bis spät in die Nacht auf dem kleinen Rummel am Strand. Nachdem die schöne, landestypische Musik gegen Mitternacht verstummte, konnten wir uns endlich von den Strapazen des Tages erholen.

***

Wir hatten gut genächtigt. Am Morgen kam der entscheidende Moment. Würde das Wohnmobil wieder anspringen? Nach einem bangen Moment brummte es wieder, als wäre nie etwas gewesen! So rollten wir freudestrahlend vom Parkplatz des Hotels und waren schnell wieder auf Straßen, an deren Rand Verkäufer gebratene Maiskolben anboten, überholten überladene LKW und ebenso überladene Fahrräder, Traktoren, Kutschen, passierten verfallene Hotels und andere Ruinen, fuhren über Brücken, die teilweise über äußerst dreckige Flüsse führten, und schoben uns im sommerlichen Reiseverkehr durch Städte. Spätestens dort lernten wir den albanischen Straßenverkehr hautnah kennen. An vielbefahrenen Kreuzungen, aber auch an unwichtigen Punkten, standen Polizisten und regelten Pfeifchen pfeifend und wild winkend den Verkehr. Überall, sogar an mobilen Verkaufsständen, wehte uns währenddessen der albanische Nationalstolz in Form des doppelköpfigen Adlers auf der albanischen Flagge entgegen.

Bevor wir dieses aufregende Land wieder verließen, zeigte es sich aber noch von seiner schönsten Seite: Wir speisten nationaltypisch mit viel Fleisch, vor allem aber mit Blick auf einen Fluss, der sich sanftblau durch sein im Sommer viel zu breites Tal schlängelte und mitsamt den Bergen einen traumhaften Anblick bot.

***

Ähnlich wie Albanien hob sich auch Griechenland das Beste für den Schluss auf: Auf der Suche nach dem letzten Übernachtungsplatz im Land der Götter fanden wir einen Strand. Einen Strand, an dem aufgereiht ziemlich viele Wohnmobile standen. An der Zufahrt ein großes, unübersehbares Schild: »Wildcamping verboten!« Wir gesellten uns erstmal dazu und erfuhren später von unseren Nachbarn, dass Übernachten mit dem Wohnmobil hier kein Problem sei. So konnten wir die unglaublich großen, aber sanften Wellen, die das beste Wellenbad nicht besser erschafft, noch mehr genießen und hatten den Spaß unseres Lebens.

***

Nach elf Tagen auf Südosteuropas Straßen war es endlich soweit: Wir reisten ein letztes Mal aus der EU aus und standen vor der letzten Grenze – der in die Türkei. Sie war anders als alle anderen Grenzen. Erst fuhr man über eine lange Brücke im Niemandsland, dann musste man sich durch das bunte Wirrwarr an parkenden LKW den Weg bahnen. Anschließend folgten vier Stationen: Registrierung der Personen, Registrierung des Fahrzeugs, Überprüfung des Fahrzeugs und finaler Check, bei dem man direkt mit dem Namen angesprochen wird.

Trotz lauter Nervosität und Respekt vor dieser Grenze stellte sich die Freude, endlich angekommen zu sein, relativ schnell ein. Ein großes, digitales Schild über der Straße hieß uns mit »TÜRKIYE'YE HOŞGELDINIZ – WELCOME TO TURKEY« willkommen und ich freute mich wie ein kleines Kind, endlich wieder etwas verstehen und mich verständigen zu können! Unglaublich, wie wohl und heimisch man sich mit einem Mal fühlen kann, nur weil man eine Grenze übertritt. Das nächste Highlight war, endlich wieder türkische Leckereien zu essen. Ein Fest für unsere Geschmacksnerven.

***

Nachdem wir in den folgenden Tagen etliche wunderschöne, neue Straßen im Land und entlang der Küste hinter uns gelassen hatten, mit der Fähre bei Canakkale mal eben auf den asiatischen Kontinent gewechselt sind und in Bergama einen Campingplatz auf westeuropäischem Niveau genossen hatten, stand meinem Wohnmobil die letzte Fährüberfahrt bevor, ehe

die Räder meines rollenden Zuhauses auf den Straßen rollen würden, die ich nur zu gut kannte. Wie oft hatte ich mir vorgestellt, wie schön es wäre, mein kleines, uriges, deutsches Wohnmobil auf diesen türkischen Straßen zu lenken. Nun war es soweit: die Wand der Fähre senkte sich und wurde zur Rampe, über die wir fuhren. Endlich befand sich mein Zuhause in meiner neuen Heimat! Es war ein super schönes Gefühl, endlich in Izmir angekommen zu sein. Mit meinem Wohnmobil.
Wir steuerten den Platz am Meer an, den ich mir lange zuvor bereits angesehen hatte und der für die nächsten Monate mein Dauerstellplatz werden sollte. Nach rund 3300 Kilometern hatten wir mit dem Wohnmobil gesund und munter, vor allem aber überglücklich, unser Ziel erreicht.

***

Nachdem ich meinen Bruder wenige Tage später zum Flughafen gebracht hatte, um wieder nach Deutschland zu fliegen, fing für mich das Leben allein im Wohnmobil in der Türkei erst richtig an. Unter der Woche, während ich arbeitete, stand mein Wohnmobil meist am selben Platz. Manchmal hatte ich andere Wohnmobilisten als Nachbarn, meistens aber stand ich allein auf dieser Wiese am Strand. Jedes Wochenende führte mich fortan mein Weg zu den schönsten Stränden weit und breit, sowie zu verschiedenen Ausflugszielen in der Region.

Rückblickend kann ich sagen, dass es die beste Entscheidung war. Nicht nur im Wohnmobil zu leben, sondern dies auch in der Türkei auszuprobieren: Strom ohne Ende dank Sonne (und Solarzelle) satt, auch im Winter; genügend öffentliche Trinkwasserquellen und eine unvergleichliche Lebensqualität. Allein schon deswegen, weil ich das Meer jederzeit direkt vor der Haustür hatte. Im folgenden Jahr begleitete mich mein rollendes Zuhause zu den Pfadfindern in die Berge, zu eindrucksvollen Sehenswürdigkeiten, den schönsten Sandstränden mit türkisblauem Wasser und bot mir somit ganz neue Möglichkeiten, Menschen, Land und Kultur noch näher kennenzulernen.

Ich bin unglaublich dankbar für all die Erfahrungen, die ich mit meinem Wohnmobil machen durfte.

# //Drei Fragen zum Schluss:



**Wie ist es für dich, allein als Frau mit dem Wohnmobil unterwegs zu sein?**

Schön! Aufregend! Spannend! Ich liebe es. Ich kenne es ja nicht anders (zumindest den Part »als Frau«). Es bringt mich näher zu mir, lehrt mich, auf meine innere Stimme zu hören. Will ich irgendwo anhalten, muss ich das allein mit mir ausdiskutieren, mit niemand sonst. Hab ich ein ungutes Bauchgefühl, starte ich lieber nochmal den Motor und suche mir einen anderen Übernachtungsplatz. Und wenn ich mal keine Lust aufs Alleinsein habe, stürze ich mich ins Getümmel einer Stadt oder treffe mich mit Freunden.

Natürlich kann es auch mal nervig sein – der Teil »mit dem Wohnmobil unterwegs«: Wasser tanken, Wäsche waschen, entsorgen, einen neuen Übernachtungsplatz suchen. Das alles sind Dinge, die man nicht mal nebenbei erledigt und die ziemlich viel Zeit in Anspruch nehmen. Aber auch das gehört dazu und ermöglicht mir andererseits den Luxus, an den schönsten Stränden dieser Welt aufzuwachen, Sonnenauf- und -untergänge zu erleben an Orten, an denen kaum jemand zu dieser Tageszeit unterwegs ist, und möglichst oft das Gefühl von Freiheit zu spüren. Das ist für mich purer Luxus und manchmal weine ich vor Freude und Dankbarkeit, wenn ich an all das denke, was ich in meinem Leben erleben darf. Es ist ein riesiges, wunderbares Geschenk. Weil ich den Mut hatte, es zu öffnen.

**Was würdest du anders machen?**

Ich persönlich – nichts. Wenn ich eins gelernt habe, dann, dass alles seinen richtigen Weg geht. Nur aufgrund all meiner Erfahrungen – der guten wie der schlechten – bin ich an dem Punkt, an dem ich heute stehe. Und es geht mir ziemlich gut damit.

**Wo geht deine nächste Reise hin?**

Meine nächste große und lange Reise führt mich wieder in die Türkei. Ich freue mich riesig auf all meine Bekannten und Freunde in Izmir, wo ich 1,5 Jahre gelebt habe. Außerdem kann ich es gar nicht mehr abwarten, mich endlich wieder in – oder besser gesagt auf – die Wellen zu stürzen. In Akyaka, in der Nähe von Marmaris, habe ich diesen Sport 2018 kennen- und lieben gelernt. Und somit auch eine neue Seite an mir entdeckt, denn eine Sportskanone war ich nie.

Und obwohl ich schon so viel Zeit in der Türkei verbracht habe, gibt's doch immer Neues zu entdecken. So würde ich beispielsweise super gerne mit dem Wohnmobil mal nach Kappadokien fahren oder gar in den Osten des Landes. Wer weiß, vielleicht setze ich das schon diesmal um? Ansonsten gibt's entlang der Küste von Çanakkale bis Antalya mehr als genug spannende Orte, die wie gemacht dafür sind, mit dem Wohnmobil bereist zu werden.

©Dennis Brandt

## //Über die Autorin:

»Caravancı« – das ist jemand, der im Wohnmobil lebt. Lisa Rudolph lebt seit 2016 im Wohnmobil. Ihre Liebe zum ausgiebigen Reisen entfaltete sich erst im Studium, als sie während eines Auslandsaufenthalts in Frankreich feststellte, dass sie auch allein in einem fremden Land weit kommen kann. Mit dem Zugang zu ihrer inneren Stimme fand Lisa außerdem ihren Weg im Leben. Denn die Liebe zum Reisen verband sie wenige Jahre später mit dem Leben im Wohnmobil. Dieses Abenteuer startete sie erstmals in der Türkei. Fremde Kulturen kennenzulernen weitet den Geist, wie nichts anderes auf der Welt. Und diese Welt ist groß. Lisa will sie entdecken, verstehen, fühlen und schützen. Und doch immer ein Stückchen Heimat und Geborgenheit dabeihaben. Aus ihrem rollenden Zuhause, aktuell ein Kastenwagen, soll früher oder später ein Expeditionsmobil werden.

Auf ihrem Blog schreibt Lisa nicht nur über ihre Abenteuer in den Ländern dieser Welt, sondern auch über ihre Reise zu sich selbst:

www.caravanci.com

# Little Green Van – Im Bulli allein durch Osteuropa

*VON LISA WEIN*

*»Meistens sind es eigentlich nur Grenzen im Kopf, die man überschreiten muss.«*

Alles begann, als ich mit fünfzehn das erste Mal im Aufstelldach eines VW T3 schlafen durfte. Von da an wusste ich: sobald ich den Führerschein habe, kaufe ich mir auch einen Bus! Mit neunzehn sah ich den Zeitpunkt gekommen und begann nach einem Bus zu suchen. Ich hatte natürlich schon meine Vorstellungen, ein T3 Saugdiesel mit 57 PS, Halbkasten sollte es sein. Nach nicht langer Zeit stieß ich auf einer Gebrauchtwagen-Website auf den für mich perfekten Bus. »Bastlerfahrzeug« stand im Kaufvertrag. Wie viel Zeit und Arbeit das wirklich bedeutete, war mir zu diesem Zeitpunkt noch nicht klar. An einem kalten Wintertag im Februar 2013 fuhr ich mit einem Freund und dem Geld im Gepäck ins bergige, verschneite Salzburg, um den Bus anzusehen. Als wir ankamen war es bereits finster. Ein paar Blicke in und unter den Bus und ich konnte ihn nicht stehen lassen. Einige Roststellen, viel Arbeit und eigentlich einiges das dagegen sprach. Aber ich hatte mich verliebt, somit gab es kein Zurück und wir nahmen den Bus gleich mit. Meine Eltern fielen aus allen Wolken und meinten nur »Nach Hause kommt uns diese Baustelle aber nicht!« Nach unzähligen Arbeitsstunden und mit Hilfe von vielen fleißigen Händen war es dann im August 2013 soweit. Mein Bus hatte keine Löcher mehr, neue Farbe, hatte TÜV und auch einen neuen Namen: Yoshi. Ein neues Zeitalter war für mich angebrochen. Mit Kennzeichen durfte Yoshi dann auch nach Hause. Das entspannte Gefühl hinter dem riesigen Lenkrad und das Brummen des Dieselmotors zauberten mir sofort ein Lächeln ins Gesicht.

Die ersten Jahre fuhren Yoshi und ich im Sommer jedes Wochenende fort, in die Berge, auf Partys, auf Festivals oder einfach nur zum Geocaching, im Konvoi mit anderen Bussen.

Natürlich blieben uns auch einige Pannen nicht erspart. Nicht nur einmal bin ich irgendwo liegen geblieben, aber alles ließ sich irgendwie lösen und reparieren. Nach und nach wurde der Drang in mir größer, aus Österreich hinauszukommen und die Gegend rund um unser Land zu erkunden. Bei einem dreiwöchigen Deutschland-Holland Roadtrip 2016, mit einer Freundin, hatten wir eine tiefgreifende Begegnung. Auf einem Stellplatz trafen wir einen älteren Holländer im Campervan, und er erzählte uns Geschichten und Abenteuer aus seinem Leben. Er war gefühlt schon überall gewesen, mit Camper, LKW oder Rucksack. Gespannt und gefesselt hörten wir zu. Als wir uns am nächsten Tag verabschiedeten, bedankten wir uns für die faszinierenden Geschichten und ich sagte: »Ich hoffe, wenn ich alt bin, kann ich auch von so vielen Geschichten und Abenteuern berichten wie Sie.«

»Du brauchst nicht hoffen, du musst es einfach nur machen. Wenn du wartest, dass alles von allein passiert, wirst du nie etwas zu erzählen haben«, war seine Antwort. Da war das Feuer in mir entfacht. Dieser Satz blieb hängen und löste irgendwo in mir eine kleine Rebellin aus. Ich hatte einen Job, der mir wirklich Spaß machte, und arbeitete in der für mich besten Firma der Welt – einem kleinen, familiären Blumenladen in einer gemütlichen Stadt an der Donau. Aber der Gedanke, auf vier Rädern durch die Welt zu fahren und sie zu entdecken, ließ mich nicht mehr los. Allerdings überwogen zu diesem Zeitpunkt noch die Grenzen in meinem Kopf und ich verwarf den Gedanken immer und immer wieder. Das kann ich der Familie nicht antun, und den Job kann ich doch auch nicht einfach schmeißen, dachte ich. Aber was hatte ich schon zu verlieren? Ich war frei, hatte Geld auf der Seite, hatte eigentlich keine Verpflichtungen …

So kam eines zum anderen. Freunde waren bereit, mir beim Innenausbau zu helfen und so wurde mein Bus im Winter 2016/17 komplett neu umgebaut. Drei Monate tägliche Arbeit, dann war mein eigenes, kleines Zuhause auf vier Rädern fertig. Meinen Job als Floristin kündigte ich unter Tränen. Aber das Schwierigste war, meiner Familie beizubringen, dass ich mit dem Bus losziehen würde und nicht genau wusste, wohin ich fahren oder wann ich wieder nach Hause kommen würde. Das war für alle ein Schock. Meine damals 11-jährige Schwester lief weinend davon, mein Vater sprach zwei Wochen kein Wort mit mir.

Mit der Zeit freuten sich dann aber alle für mich und fieberten mit. So packte ich im Frühjahr 2017 meine Sachen und fuhr mit einer Verspätung von einem Monat los, da der Umbau doch länger gedauert hatte, als geplant. Nicht genau wissend, wohin mich mein Weg führen würde, zog ich erstmal durch Holland, Deutschland, Polen, Slowakei und Ungarn.

Dann passierte ich die Grenze nach Rumänien. Ein schönes, aber seltsames und wachsames Gefühl durchströmte mich. – Was wusste ich von meinem ersten osteuropäischen Land? Nicht viel, nur das, was die Nachrichten und der Tratsch der Menschen zu bieten hatten. »Da musst du besonders aufpassen«, hörte ich oft. Die ersten Meter schaute ich jedes entgegenkommende Auto sehr skeptisch an.

Izabella, die in Rumänien lebende Schwester einer Freundin, erklärte sich bereit, ein Wochenende mit mir zu verbringen. Ich besuchte sie in einem kleinen Dorf, in der Nähe von Timisoara, parkte neben dem Haus und sperrte meinen Bus so gründlich ab, wie es nur ging, warf alle zehn Minuten einen Blick nach draußen, um sicherzugehen, dass mein Yoshi noch vor dem Haus stand. Izabella lachte über meine Übervorsicht.

Rumänien hat mich so herzlich empfangen, dass ich mich von Anfang an wohl gefühlt habe und nach ein paar Stunden war meine Übervorsicht verflogen. Beim Abschied wurde ich mit massenhaft selbst angebautem Gemüse und selbstgemachtem Käse versorgt. Gerührt von diesem netten Empfang, setzte ich meinen Weg allein fort, Richtung Sibiu und der angeblich schönsten Straße Rumäniens – der Transfagarasan.

Sibiu hieß mich mit Regen willkommen, aber einen Spaziergang durch diese schöne Stadt ließ ich mir natürlich trotzdem nicht nehmen. Ganz früh am nächsten Morgen wollte ich die

Transfagarasan erklimmen, um noch vor den vielen Menschen dort zu sein. Somit erklang um 6 Uhr morgens ein ganz untypisches Geräusch im Bus: der Wecker. Da ich definitiv kein Morgenmensch bin, fiel mir das zeitige aufstehen nicht leicht, aber die Vorfreude auf diese Straße war größer. Von Transsilvanien aus kam ich auf die ersten Serpentinen, alles lag ganz mystisch im Nebel, das war wohl Draculas Art sich zu verabschieden. Kurve für Kurve, immer darauf bedacht, dass die Kühlwassertemperatur nicht zu hoch stieg, erklomm Yoshi tapfer mit mir den Berg. Ganz oben angekommen hatte ich schon meine Winterjacke und eine zweite Hose an, so kühl war es dort, trotz Hochsommer. Vor den letzten Kurven riss der Nebel auf und die Sonne lachte mir entgegen. Wunderschön erstreckten sich die Serpentinen unter mir und alles war so saftig grün – wie gemalt. Wahnsinniges Glück und Freude durchströmten mich, dafür hat sich das frühe Aufstehen echt gelohnt, keine Menschenseele war unterwegs. Das war die absolute Freiheit, die ich mir erträumt und gewünscht hatte. Auf Yoshis Dachterrasse stehend, die Arme ausgestreckt, kam ich mir vor, wie Rose und Jack auf der Titanic. Freiheit. Am liebsten hätte ich laut aufgeschrien vor Freude, was für ein unbeschreiblicher, emotionaler Moment! Nach einer Stärkung mit magischer Aussicht und Gemüse von Izabellas Familie, schlängelten sich schon immer mehr Autos und Menschen die Serpentinen hoch. Ein guter Zeitpunkt also, um den Weg ins Tal fortzusetzen.

Das nächste Ziel war Bulgarien. Als ich die Grenze passierte, war es schon gegen Abend. Der rumänische Grenzbeamte begutachtete mich und meinte, ich könne doch nicht allein nach Bulgarien einreisen, das sei gefährlich. Solche Aussagen machen mir normalerweise nicht sehr viel aus. Ich höre immer auf mein Bauchgefühl, wenn ich zum Beispiel einen Platz zum Übernachten suche. Manchmal fahre ich auch bei zwei, drei Plätzen weiter, weil es einfach nicht passt. Als ein paar Meter weiter die bulgarischen Grenzbeamten dasselbe sagten und mich vier davon wie eine Schaufensterpuppe durch meine Heckscheibe betrachteten, fühlte ich mich nicht mehr ganz so wohl. Somit beschloss ich, die Nacht ausnahmsweise auf einem Campingplatz zu verbringen, auch, um nicht noch im Finsteren einen Stellplatz suchen zu müssen.

Nach zwei Stunden erreichte ich den ersten Campingplatz in einem süßen kleinen Steindorf. »Closed« stand auf einem verwitterten Schild, und es sah aus, als ob jahrelang kein Mensch dort gewesen sei. Das Internet kann einen manchmal ganz schön in die Irre führen. Etwa 200 km waren es noch bis ans Meer, dort gab es viele Campingplätze, und um sicherzugehen, dass noch einer geöffnet hatte, wenn ich spät nachts ankäme, rief ich bei einem an. Meine Laune besserte sich deutlich, ich war froh, ein Ziel zu haben und einen Platz für die Nacht. Aber wie das Leben manchmal so spielt, kann nicht immer alles gut laufen. Auf dem Weg dorthin begann Yoshi manchmal während der Fahrt abzusterben. Nach ein paar Mal und immer kürzer werdenden Abständen hatte ich schon ein komisches Gefühl und schwor mir, sofort am nächsten Morgen zu einem Mechaniker zu fahren. Soweit sollte es aber nicht mehr kommen, denn auf einmal war es dann ganz vorbei und ich konnte nur noch an den Fahrbahnrand rollen. Da stand ich nun, gestrandet, allein, mitten in der Nacht in einem fremden Land. Im ersten Moment wusste ich nicht, ob ich weinen oder lachen sollte, am liebsten alles auf einmal. Das hatte ich nun von meiner Abenteuerlust und dem Alleinreisen. Irgendwie blieb ich aber ziemlich ruhig in der Situation, hielt erstmal Sprachnachrichten-Austausch mit meiner besten Freundin zuhause, da fühlte ich mich nicht mehr ganz so einsam. Zum Glück hatte ich den Schutzbrief von einem österreichischen Automobilclub, und bis zu diesem Zeitpunkt wusste ich noch gar nicht, wie genial der eigentlich war. Erleichterung pur nach dem Telefonat mit dem Automobilclub, worauf ich mir erstmal ein kaltes Bier aufmachte – das brauchte ich nach diesem Schock wirklich. Gedanken schwirrten mir im Kopf herum. Was hätte ich ohne diesen Schutzbrief getan? Wäre ich zur nächsten Tankstelle gelaufen und hätte gefragt, ob mich jemand abschleppen könnte? Oder hätte ich erstmal gewartet bis es hell wurde und dann tagsüber irgendwo um Hilfe gebeten? Froh, aus dieser Situation bald herauszukommen, sah die Welt schon wieder besser aus. Eine Stunde später war ein bulgarischer Abschleppdienst vor Ort und nahm Yoshi und mich mit. Anfangs wollte ich noch unbedingt im Yoshi schlafen, wollte ihn nicht allein lassen, aber als er sicher im umzäunten Gelände eines Mechanikers stand, war ich dann doch einverstanden mit einem Hotel. Die Aussicht auf eine warme Dusche, ein Klo und Frühstück und das alles vom Club bezahlt, war dann doch eine große Verlockung.

Ziemlich sicher, dass meine Reise vorerst beendet war, kam ich am nächsten Morgen in die Werkstatt, wo mir erstmal ein Kaffee in die Hand gedrückt wurde. Was mit meinem Bus los war konnte mir aber niemand sagen, Englisch sprach keiner, man bedeutete mir nur, dass ich warten solle. Also blieb mir nichts anderes übrig. Einen kleinen Vogel beobachtend saß ich auf einer Bank im Hof und wartete. Bis nach einer gefühlten Ewigkeit mein geliebter grüner Bus mit brummendem Motor um die Ecke fuhr! Ich glaube, ich habe noch nie in meinem Leben solche Freudentränen geweint, wie in diesem Moment. Ich umarmte meinen Yoshi und den Mechaniker, alle anderen lachten, und mir fiel so ein Stein vom Herzen! Nur ein Kabelbruch beim Absteller. Als wohl glücklichster Mensch auf Erden und mich tausendmal bedankend, ging die Reise weiter.

Der Strand Nähe Byala machte alles gut: wildcampen, Sonne, Meer. Mit einem Buch und einer kalten Weißweinschorle auf der Dachterrasse war alles vergessen. Der erste Strand auf dieser Reise und der erste Sprung ins Meer. In diesem Moment war ich dann richtig in Bulgarien angekommen, und so schlimm wie die Grenzbeamten behauptet hatten, ist mir dieses Land nicht vorgekommen. Mit einer gesunden Portion Menschenverstand, wie man ihn in jedem Land braucht, lässt es sich auch dort sicher und schön reisen.

In Griechenland blieb ich dann über fünf Wochen hängen; für mich ein magischer Platz, diese Mischung aus Stränden, Mythologie und Geschichte, dieses Land lädt zum Verweilen ein. Albanien war auch eines meiner absoluten Highlights! Erstmal überquerte ich den Vivar Kanal mit einer kleinen Kabel-Holzfähre. Mein Bus, ein Fahrrad und drei Menschen auf diesem ulkigen Holzfloß. In Ksamil angekommen, einem kleinen Paradies mit glasklarem, türkisfarbenem Wasser, traf ich zwei Argentinier, mit denen ich ein paar Tage verbrachte. Die Nebensaison hatte bereits begonnen, somit hatten wir dieses paradiesische Stück Land fast für uns. In Shkodra am Skutarisee, einer Stadt mit wildem Verkehr, nahm ich einen Backpacker aus Spanien mit; zusammen fuhren wir ein Stück weiter den See entlang. Im kleinen Fischerdorf Zogaj trafen wir auf einen Fischer namens Bilal. Mit einer Flasche Weißwein bewaffnet durften wir mit auf sein Boot, zum Netze auswerfen. Wunderschön lag dieser See zwischen den Bergen, die sich im Wasser widerspiegelten. Abends gab's frischen Fisch und eine Menge albanischer Beilagen und Wein für wenig Geld, auf der Terrasse mit Ausblick auf den See. – Fast schon kitschig! Viele Geschichten über unsere Länder und Kulturen später, wollte Bilal uns unbedingt ins Dorflokal mitnehmen, um Fußball zu schauen, ganz stolz darauf, dass er Gäste aus Spanien und Österreich hatte.

Am Anfang begegnete ich in Albanien noch vielen Reisenden, später nicht mehr, was wohl auch an der Jahreszeit lag. Manchmal war es dann schon sehr einsam, wenn ich tagelang kaum einen Menschen sah. Die Natur dort war dafür umso schöner, und ich liebte es, alte Bunkeranlagen und Ruinen zu erkunden.

Da ich meinen Schwestern versprochen hatte, zu ihren Geburtstagen zuhause zu sein und das warme Wetter auch schon langsam schwand, machte ich mich allmählich auf die Heimreise. Sie wurden im November 8 und 12 Jahre alt, und ich freute mich riesig, meine zwei kleinen Mädels wiederzusehen. Montenegro war ein grandioses Finale dieser Reise, meiner ersten großen Reise allein. Zwischen Bergen und Meer, alten Festungen und einsamen Plätzen in der Natur, führte mein Weg mich langsam Richtung Heimat.

Rückblickend war es die beste Entscheidung meines Lebens! Vor allem diese erste Reise in den Osten hat mich sehr geprägt. Aus Situationen, die man allein meistern musste, kommt man so viel stärker wieder heraus, und meistens folgt darauf viel, viel Schöneres. Man wächst und lernt viel über sich selbst. Erlebnisse, die einen nicht umbringen, härten ab. Dies sind die Erinnerungen, die man seinen Enkelkindern erzählt, und an die man mit einem Grinsen im Gesicht gerne zurückdenkt. Ich würde sehr gerne diesem alten Mann aus Holland wieder begegnen und mich bei ihm bedanken. Seine Worte lösten aus, dass ich die Grenzen in meinem Kopf überschritt und mich aufmachte, um meinen Träumen zu folgen.

Mittlerweile hat mein drittes Reisejahr begonnen. Während ich hier die letzten Zeilen schreibe, sitze ich entspannt auf dem Dach eines Guesthouses in Hampi, Indien. Das erste Mal ohne meinen Yoshi, nur mit Rucksack unterwegs. Zwischen den Reisen bin ich immer wieder in Österreich, um mit meinem wundervollen Job als Floristin Menschen Freude zu machen und meine Reisekasse wieder aufzufüllen. Natürlich auch, um Zeit mit meinen geliebten kleinen Schwestern zu verbringen, um auch ein Teil von ihrem Erwachsenwerden zu sein.

## //Drei Fragen zum Schluss:



**Was gefällt dir am meisten beim allein Reisen?**
Ich mag die Freiheit, mich jeden Moment entscheiden zu können, was ich machen möchte und wo es als nächstes hingeht. Man lernt auch viel schneller neue Menschen kennen, wenn man allein unterwegs ist. Am Anfang ist es auch eine besondere Herausforderung, einfach mal nur mit sich selbst zu sein, alle Entscheidungen allein zu treffen und alle Probleme allein zu lösen. Man lernt sich selbst viel besser kennen. Natürlich mag ich es auch zwischendurch, wenn Menschen rund um mich sind, dann kann man seine Freuden, seine Gedanken teilen, aber allein zu Reisen macht süchtig!

**Was ist das Schönste, das du jemals auf Reisen erlebt hast?**
Es sind immer wieder schöne Momente, ich liebe es mit meinem kleinen Zuhause herumziehen, das ist alles was ich brauche. Da genieße ich viele kleine Augenblicke. Wenn ich mit meinem Kaffee morgens vor dem Bus sitze und die Landschaft genieße, habe ich ein Grinsen im Gesicht, das macht mich glücklich. Aber ich mag auch sehr die Begegnungen mit Menschen, die ich am Weg treffe. Manche sind am anderen Ende der Welt aufgewachsen und dennoch ist sofort eine besondere Verbindung da, sodass man dann gleich mal ein paar Tage zusammen unterwegs ist. Diese Menschen trage ich immer im Herzen mit.

**Wie ist es für dich, nach einer Reise mit Yoshi wieder heimzukehren und dein »anderes« Leben zu führen?**
Am Anfang ist alles sehr verwirrend und ein bisschen komisch. Aber ich freue mich auch immer wieder darauf, ich genieße auch die Zeit zuhause. Wieder (teilzeit) im Blumenladen zu

arbeiten, mich kreativ auszuleben und auch Zeit mit Familie und Freunden zu verbringen. Es ist aber schon immer eine große Umstellung vom Leben allein im Bus und dann wieder in einem Haus mit sieben Menschen zu sein, da ist immer was los. Unser Haus ist wie eine kleine Kommune, es wird gekocht, gespielt, gebaut, gebastelt ...

## //Über die Autorin:

Ihre Liebe zu alten Bussen hat Lisa mit 15 entdeckt. Vier Jahre später, mit 19, hat sie sich ihren Traum vom rollenden Begleiter erfüllt. Geboren ist sie 1993 und aufgewachsen in Österreich. Seit drei Jahren gehen »Yoshi«, ein VW T3, Baujahr 1988 und Lisa jedes Jahr für ein paar Monate auf Entdeckungsreise. Am liebsten sind sie im Osten und im Süden Europas unterwegs, aber die Liste der Länder, die noch erkundet werden wollen, ist lang. Meistens geht's ohne großen Plan los, einfach der Straße folgend, Richtung Freiheit ...

www.instagram.com/little.green.van

# Baby an Bord – Unsere Elternzeit-Reise an der Westküste der USA

*VON TANJA KLOSE*

*»Reisen erweitert den Horizont.«*

Bereits seit 2012 reisen wir bevorzugt mit dem Wohnmobil. Aufgrund der Flexibilität und der Nähe zur Natur lieben wir diese Art zu reisen. Es ist also nicht weiter verwunderlich, dass wir auch während unserer beiden Elternzeitreisen mit unserer Tochter im Camper unterwegs waren. Die Vorzüge eines Wohnmobilurlaubs sind uns jedoch erst durch unsere Tochter so richtig bewusst geworden. Sofern das Kind gerne Auto fährt, ist die Liste der Vorteile groß. Man hat alles an Bord wie Kühlschrank, Herd, Essen und Trinken, Stauraum für Kleidung und Ausrüstung, Ess- und Schlafplätze. Weiter von Vorteil ist, dass das Kind immer im selben Bett und in derselben Umgebung schläft. Ausreichend Platz zum Wickeln, Bewegen, Spielen und Relaxen gibt es auf dem Bett. Und das sind nur eine Handvoll der Vorzüge für einen Urlaub im Camper.

Aber gewiss gibt es auch ein paar Nachteile. Die Parkplatzsuche, vor allem in den Städten, kann zur Herausforderung werden, Frischwasser auffüllen und Abwasser entlassen gehören zur Tagesordnung. Den gesamten Urlaub verbringt die Familie auf wenigen Quadratmetern – Platz, um sich aus dem Weg zu gehen ist praktisch nicht vorhanden. Für uns ist das kein Problem, ist jedoch nicht jedermanns Sache. Deshalb empfehlen wir Familien, die zum ersten Mal einen Campingurlaub planen, zunächst mal ein paar Tage, z. B. über ein verlängertes Wochenende, einen Kurztrip im Wohnmobil zu machen. So bekommt man schon einen sehr guten Einblick, ob Camping zur bevorzugten Reiseart werden könnte.

## Überblick über die Route unserer Reise entlang der Westküste

Zurück zu unseren Wohnmobilreisen: Nachdem unsere erste Elternzeitreise nach Norwegen ging, führte uns unsere zweite Tour mit Kind an die Westküste der USA. Innerhalb von sechs Wochen reisten wir von Phönix im Süden über die sehenswerten Nationalparks nach Las Vegas. Von dort ging es für uns über den bekannten Joshua Tree National Park hinunter an die Küste. Von San Diego aus fuhren wir die Küste entlang – vorbei an den Metropolen Los Angeles und San Francisco weiter nordwärts. Mit einem Abstecher nach Vancouver Island erreichten wir nach sechs Wochen schließlich unser Ziel Vancouver in Kanada.

### Fazit zu unserer Route

Unsere Route bietet unglaublich viel Abwechslung. Wüste, Canyons und rote Steine dominierten in den ersten zwei Wochen. Städte, Strände und Meer genossen wir in den anschließenden zwei Wochen, während die letzten zwei Wochen ganz im Zeichen der Redwoods, des Regenwaldes und des Meeres standen. Auch die vielen unterschiedlichen Tiere sorgten während unserer Reise für große Begeisterung. Und das nicht nur bei unserer Tochter. Pelikane, Wale, Squirrel, Rehe, Papageien und Flamingos sorgten auch bei uns Erwachsenen für strahlende Augen. Ich gebe zu, auf einige Tiere – wie zum Beispiel auf die Schlangen – könnte ich persönlich gut und gerne verzichten. Wobei wir zum Glück nur eine einzige zu Gesicht bekamen.

Wenn du gerne wanderst, findest du im Westen der USA unzählige Trails in den unterschiedlichen Längen und Schwierigkeitsstufen. Es gibt Möglichkeiten durch die Wüste zu wandern, Canyons zu erkunden, Wege an der Küste entlang zu spazieren und dabei Wale und Pelikane zu beobachten oder auch Regenwälder hautnah zu erleben. Für jeden Geschmack, Anspruch und Schwierigkeitsgrad finden sich die passenden Wanderungen. Das wichtigste Equipment zum Wandern mit Kind sind feste Schuhe (am besten Wanderschuhe) und eine Trage oder Kraxe. Wenn du mal eine Pause von Wanderungen, Erkundungstouren oder Sightseeing brauchst, bist du besonders mit Kindern an einem der unzähligen langen Strandabschnitte sehr gut aufgehoben.

Kalifornien, Oregon oder auch der Staat Washington bieten hier allerlei Plätzchen, wo du dich entspannt zurücklehnen oder auch wunderbar Sandburgen bauen kannst. Wenn du doch etwas Bewegung brauchst, findest du an den kilometerlangen Stränden genügend Strecke, die abgelaufen werden kann.

Sechs Wochen mit 7.850 Kilometern waren für unsere Wohnmobilreise mit Kind perfekt. Unsere Tochter fährt relativ gerne Auto und trotz unseres Plans, auch mal mehrere Tage an einem Ort zu bleiben, sind wir meist nur eine Nacht geblieben. Dies lag manchmal am Wetter, an der Umgebung oder auch mal an der Laune. Empfehlen würden wir so eine Reise mit Kind allerdings eher mit einigen »Relaxtagen«, wie wir solche Tage an einem Ort gerne bezeichnen. Es ist in der Regel etwas entspannter, wenn du auch mal zwei oder drei Tage an einem Ort verbringst. Das hat den Vorteil, dass du die Gegend in aller Ruhe erkunden kannst, Zeit zum Entspannen hast und das Kind natürlich nicht so oft im Kindersitz sitzen muss.

Das Schöne an so einer Reise im Wohnmobil ist, dass du die Strecke relativ flexibel gestalten kannst. Einzig während der Hauptsaison oder in den beliebten Nationalparks empfiehlt sich eine Campingplatzreservierung, was die Flexibilität zwar nimmt, jedoch für ein entspannteres Reisen sorgt. Das vorab Reservieren von Campingplätzen hat also seine Vor- und Nachteile. Du musst selbst wissen, was für dich von Vorteil ist. Besonders im Südwesten der USA ist auch das Wildcampen auf öffentlichem Land sehr gut möglich – sofern das dein Ding sein sollte.

## Unsere Reise durch Amerikas Westen im Detail

Zurück zu unserer Reise: Gestartet sind wir nach einem Lang- und einem direkt anschließenden Kurzstreckenflug in Phönix, Arizona. Die Flüge haben mit unserer Tochter erstaunlich gut geklappt und alle Sorgen, die wir uns im Vorfeld gemacht

haben, waren umsonst. Der eigene Sitzplatz für unsere Tochter war – nicht nur aus dem Aspekt der Sicherheit – eine goldrichtige Entscheidung, sondern hat auch bedeutend zum entspannten Fliegen beigetragen.
Die erste Nacht konnten wir bereits im Wohnmobil verbringen, auch wenn der offizielle Start erst ausgeruht am nächsten passieren darf. Eine Übernachtung nach dem Interkontinentalflug ist vor der Camperübernahme in Nordamerika Pflicht. Am nächsten Tag starteten wir mit den bürokratischen Pflichten, ehe die Reise so richtig beginnen konnte. Der erste Tag einer Wohnmobilreise ist kaum als Reisetag zu bezeichnen. Übernahme, Kleidung einräumen, zurechtfinden, Ersteinkauf und Fahrt zum Campingplatz nehmen so ziemlich den gesamten Tag in Beschlag.

## Unterwegs im Südwesten der USA

Die ersten Wochen waren geprägt durch rote Steine und Felsen, sowie wunderschöne Nationalparks. Auf der selbsternannten »Nationalparkroute« besuchten wir den Grand Canyon, sowie Canyonlands, Arches und den Capitol Reef National Park. Jeder für sich ist einzigartig und besuchenswert. Die atemberaubenden Schluchten sind nicht in Worte zu fassen. Besonders beeindruckend fanden wir den anschließenden Valley of Fire State Park, kurz bevor wir in die bunte, laute Welt von Las Vegas eingetaucht sind. Auch mit Kind ist ein Besuch in der Stadt, die niemals schläft, empfehlenswert. Auch wenn das Nachtleben mit Kind größtenteils auf der Strecke bleibt. Das machte uns jedoch überhaupt nichts aus, da wir Las Vegas bereits ohne Kind 2014 ausgiebig erkundet hatten.

Nach zwei Nächten, die wir hier im Hotel verbracht haben, zogen wir wieder zurück in den Camper und machten uns auf den Weg gen Süden. Über den unerwartet touristischen Joshua Tree National Park fuhren wir nach San Diego und von einem Zwischenstopp dort die Pazifikküste entlang Richtung

Norden. Die Strecke ist abwechslungsreich und bietet allerlei Möglichkeiten für kurze Stopps und naturnahe Übernachtungsmöglichkeiten.



**Willkommen an der Westküste**

Auch wenn wir während dieser Elternzeitreise das Halligalli in den Städten weitestgehend auslassen wollten, statteten wir San Diego, Los Angeles und San Francisco kurze Pflichtbesuche ab. Ganz darauf verzichten wollten wir dann doch nicht. Nach unseren relativ ausgiebigen Besuchen auf unserem Roadtrip 2014, hatten wir jetzt auch nicht das Bedürfnis, mehrere Tage in den Städten zu verbringen. Unsere Elternzeitreise war eher geprägt durch Natur und Ruhe. Es ist einfach schön, Zeit mit der Familie zu verbringen.

San Diego packte uns ganz besonders. Nach einem Besuch im sehenswerten Balboa Park, machten wir einen Stadtspaziergang. Wenn man mit Kind in San Diego ist, sollte der riesige Spielplatz im Waterfront Park unbedingt eingeplant werden.

Aber auch Los Angeles und San Francisco beeindruckten uns erneut. Für diese beiden Metropolen solltest du das Wohnmobil auf jeden Fall außerhalb parken und die Innenstädte mit den öffentlichen Verkehrsmitteln erkunden. Sei es auf einem Parkplatz oder auf einem stadtnahen Campingplatz – beide Möglichkeiten stehen offen. Es ist gut zu wissen, dass die Campingplätze in Stadtnähe unfassbar hohe Preise haben.

Besonders für den Besuch der Städte mit Kind können wir dir einen Kinderwagen empfehlen. In Anbetracht der Anreise mit dem Flieger, empfehlen wir einen Wagen, der einfach und möglichst klein zusammenklappbar, aber dennoch stabil ist und wenn möglich liegend gemacht werden kann. So wird dein Kind sicher transportiert, kann bei Bedarf aber auch bequem und entspannt eine Runde schlafen.

Auch die weniger bekannten Küstenabschnitte nördlich von San Francisco hatten es landschaftlich in sich. Die beeindruckenden Redwoodbäume und die schönen Buchten und Strände zogen uns schnell in ihren Bann, auch wenn uns die Sonne auf diesem nördlichen Streckenabschnitt vollkommen im Stich ließ. Es gab tolle Campingplätze, die zwischen den riesigen Redwoods lagen. Wir genossen die Zeit und die Ruhe.

## Der grüne Nordwesten der USA

Ab dem Olympic National Park begann für uns Neuland. Für diese beeindruckende Halbinsel hatten wir 2014 keine Zeit mehr. Aber jetzt … Wir kamen von einem Regenwald in den nächsten und doch sah jeder für sich wieder anders aus. Wir lieben es zwischen den alten Bäumen und Farnen hindurch zu wandern und den Duft des Waldes zu inhalieren. Es geht doch nichts über einen schönen Waldspaziergang. Derweil machte unsere Tochter zwischen Moosen, Farnen und plätschernden Wasserläufen ihre ersten freien Schritte. Tragen war ab jetzt langweilig und an der Hand laufen meistens auch. Dementsprechend verlangsamte sich unser Tempo auf den kommenden Wanderungen enorm. Aber auch das gehört dazu. Kinder müssen erkunden und lernen. Zum Wandern mit Kind empfehlen wir dir für die Westküste der USA eine Trage zu verwenden. Ein Kinderwagen ist hier eher hinderlich. Wenn die Beine schwer wurden, kam unsere Tochter in die Manduca und weiter ging es durch die Natur. Viele Trails sind zwar nicht barrierefrei, aber wunderbar angelegt, so dass auch das Wandern mit Kind ganz entspannt ist.

## Willkommen in Kanada – Unsere letzte Etappe

Nachdem wir den Olympic National Park schweren Herzens verlassen hatten, machten wir uns auf den Weg nach Vancouver Island. Nach drei Besuchen in Vancouver war es endlich soweit und wir hatten genügend Zeit, um einen Abstecher auf die beliebte Insel zu machen. Praktisch für uns war, dass wir direkt von Port Angeles mit der Fähre nach Victoria übersetzen konnten. Auch mit dem Wohnmobil war dies überhaupt kein Problem und für die Fähre an der Tagesordnung. Victoria liegt im Süden von Vancouver Island und ist eine charmante Stadt. Wir suchten zunächst einen schönen Übernachtungsplatz in einem nahe gelegenen Provincial Park, ehe wir Victoria am nächsten Morgen einen Besuch abstatteten. Die Stadt ist sehr touristisch und bereits am Vormittag war hier viel los. Nach einer kurzen Orientierung machten wir einen Spaziergang am Wasser entlang zur Fisherman's Wharf. Klein, mit bunten Hausbooten, aber durchaus sehenswert. Auf dem Weg konnten wir immer wieder die Wasserflugzeuge starten sehen. Der wohl schnellste Weg, um nach Vancouver – auf das Festland – zu kommen.

Zurück zum Hafen ging es für uns mit einer schnuckeligen Victoria Harbour Ferry. Wenn wir schon einmal hier waren, durfte so eine Fahrt nicht fehlen. Unsere Tochter war ebenso begeistert wie wir. Die Fahrt war sehr kurzweilig und zum Glück weit weniger schaukelig, als zu vermuten war. Kurz nach Mittag verließen wir die Hauptstadt von British Columbia und folgten dem Trans-Canada-Highway an der Ostküste nordwärts. Unser nächstes großes Ziel war Tofino, an der Westküste. Bis wir dort ankamen, dauerte es noch einen Tag. Die Fahrt über den Pacific Rim Highway – einmal quer über die Insel – war sehr einsam, aber landschaftlich wunderschön. Einzige Versorgungsstelle zwischen den Küsten ist das schöne Örtchen Port Alberni.

Insgesamt verbrachten wir eine Woche auf Vancouver Island, was für unseren ungeplanten Besuch etwas zu lang, aufgrund eines Feiertags aber nicht anders möglich war. Unser Tipp: Die Campingplätze an der Westküste von Vancouver Island solltest du möglichst vorab reservieren. Besonders den schönen staatlichen Platz im Pacific-Rim Nationalpark.

Von Nanaimo setzten wir mit der Fähre über zurück auf das

Festland. In Tsawwassen (südlich von Vancouver) fuhren wir wieder an Land. Auf der Überfahrt mit der Fähre sind Delfin- und Walsichtungen sehr häufig. Wir hatten leider nur bedingt Glück und bekamen jeweils eines der Tiere ganz kurz zu Gesicht. Den letzten Tag der Reise verbrachten wir in unserem geliebten Vancouver. Hier durfte ein Spaziergang entlang des Coal Harbours auf keinen Fall fehlen. Der Gang bis zum Canada Place ist immer wieder ein Highlight für uns. Die stadtnahen Campingplätze sind nicht so unser Ding, so dass wir in einem schönen kleinen Provincial Park übernachteten, der einige Kilometer im Osten von Vancouver liegt. Am nächsten Tag hieß es für uns Wohnmobil zurückgeben und Abschied nehmen.

**Fazit unserer Reise durch Nordamerika mit Kind**

Besonders mit Kleinkind war diese Reise perfekt. Die Amerikaner sind äußerst kinderlieb und Kinder haben dort einen anderen Stellenwert, als es in Europa der Fall ist. In jedem der besuchten Restaurants gab es Kinderstühle. Die Ortschaften können noch so klein sein, es gibt mindestens einen gepflegten Park und/oder Kinderspielplatz. Vielerorts gibt es sogar sogenannte Splashparks, wo es in den Sommermonaten großen Wasserspaß gibt. Die Spielplätze sind nicht nur gepflegt und sauber, sondern noch dazu in den meisten Fällen kostenlos. Besonders an den Wochenenden, Feiertagen und in den Ferien ist hier viel Andrang, da natürlich auch die Einheimischen diese Vorzüge nutzen. Unter der Woche und vor allem vormittags hat man die Anlagen als Urlauber fast für sich allein.

Wie oben kurz erwähnt, bietet das Wohnmobil für uns die perfekte Reiseart mit Kind. Besonders die Flexibilität und dass alles an Bord ist, machen das Reisen entspannt – egal, ob mit kleineren oder auch größeren Kindern. Die Übernachtungsplätze für Camper sind im gesamten (Süd-)Westen der USA sowie Kanada perfekt. Es gibt überall zahlreiche Möglichkeiten und für jeden Geschmack die passenden Plätze. Sei es einfach und naturnah oder auch mit jeglichem Komfort auf den privaten Campingplätzen. Hier musst du auf nichts verzichten. Lediglich während der Hauptsaison, an Feiertagen und zu den Wochenenden (freitags und samstags) kann es an den beliebten Hotspots, wie in den Nationalparks oder an der Küste mit Stellplätzen eng werden. Hier gilt es flexibel zu sein und auch mal mehrere Kilometer Umweg einzuplanen, um einen freien Platz zu finden. Dem kannst du einfach entgegenwirken, wenn du dich zeitlich etwas einschränkst und die Stellplätze vorab (online) reservierst.

Im Großen und Ganzen würden wir diese Tour genauso wiederholen. Empfehlen würden wir sie, wie gesagt, mit ein paar Puffertagen. Der Abstecher nach Vancouver Island war für uns nur optional und daher weitestgehend ungeplant. Diesen könnte man also durchaus weglassen und so mehr Zeit im Süden, Westen oder Norden verbringen. Kurz gesagt: Den Westen der USA können wir dir für eine Reise mit Kind wärmstens ans Herz legen.

## //Drei Fragen zum Schluss:

**Was hättest du auf deiner Reise niemals erwartet?**
Ich hätte niemals erwartet, dass die Nationalparks und die Küstenstrecken inzwischen so populär sind, dass man nur mit Mühe einen nicht vorab reservierten Platz auf einem der zahlreichen Campingplätze findet. Das war 2014 noch deutlich entspannter.

**Welche Länder kannst du für Reisen mit Kindern im Wohnmobil noch empfehlen?**
Die Reihe der Länder, die für eine Wohnmobilreise mit Kindern in Frage kommen ist lang, angefangen von so ziemlich jedem Land in Europa finde ich Neuseeland auch sehr attraktiv. Klar, die Anreise ist sehr lang, aber in der Elternzeit hat man endlich mal die Möglichkeit länger als zwei oder drei Wochen am Stück frei zu nehmen. Außerdem ist es perfekt für Camping, es gibt keine giftigen Tiere und es gibt traumhafte Landschaften.

**Was würdest du Eltern raten, die sich unsicher sind mit ihren Kindern längere Urlaube im Wohnmobil zu machen?**
Mein Tipp ist, man sollte sich vorab nicht zu viele Gedanken machen und es einfach mal ein paar Tage ausprobieren. Während einem Wochenende oder auch einer Woche stellt man schnell fest, ob Camping im Wohnmobil für die Familie passend ist oder auch nicht.

### //Über die Autorin:

Ich bin Tanja und auf meinem Blog stehen die Themen Reise, Camping und Reisen mit Kind im Fokus. Hier kann ich meine Liebe zum Reisen und zum Schreiben verwirklichen. Mir macht es großen Spaß ausführlich zu berichten und unsere Erfahrungen weiterzugeben.

www.taklyontour.de

# //Frida Richtung Freiheit

*VON ANGELINA BROSE*

*»Nothing will work unless you do« – Maya Angelou*

Ich habe für mich eine wunderbare Kombination aus Reisen und Schreiben entdeckt, an der ich euch gerne mit ein paar kleinen Texten teilhaben lassen möchte, in der Hoffnung, dass das, was in meinem Gehirn rumspukt, irgendwo da draußen Gleichgesinnte zum Lächeln bringt.

**Nordseekind.**

Der Wind weht mir die Haare ins Gesicht.
Heute ist es sonnig und doch hat der Wind eine enorme Kraft.
Er ist so stark, dass ich mich nach vorne lehnen kann
und für einen kurzen Moment das Gefühl habe,
er würde mich halten. Schwerelos.
Das beschreibt auch das Gefühl, welches mich seit ich aufgewacht bin,
durch den Tag begleitet.

Ich laufe schnell,
der Wind lässt mich den Deich runter rasen.
Wie ein Flugzeug, dass kurz davor ist
Richtung Wolken abzusetzen.

Die Sonne ist vor wenigen Stunden aufgegangen,
draußen ist es angenehm kühl, der Rasen ist leicht feucht
und in der Ferne sind noch die Silhouetten der Schafe zu erkennen.

Mittlerweile steht die Sonne hoch genug,
um mir ins Gesicht zu scheinen.
Ich ziehe die Hände hoch in die Ärmel meines Pullovers
und sinke runter auf einen der schwarzen, erhitzten Steine, die das Meer vom Deich abgrenzen.

Das Wasser kommt, bald ist also wieder Flut.
Mein Blick wendet sich auf einen winzigen Sandstrand.
Bald wird er wieder im Meer verschwinden und kurz danach

mit neuen Schätzen darauf warten,
erkundet zu werden.
Energiegeladen balanciere ich die Steinschräge hinunter
und lass mich in den feuchten Sand fallen.
Große, dunkle Flecken entstehen auf meiner
viel zu großen Jeans.
Ich greife in den Sand
und zerreibe die einzelnen Körner in meiner Hand,
während ich im Augenwinkel einen Muschelhaufen mit Treibholz entdecke.

Wenige Sekunden später hocke ich davor, eine Hand zu einer Schale geformt, in der ich all die
Dinge bewahre,
die ich später meinen Eltern vorführen möchte.

Ich muss mich beeilen,
denn das Wasser kommt immer näher.
Schnell stolpere ich die Steine wieder hoch
und stelle fest, dass ich nicht mehr allein bin.
Ein paar Meter weiter sitzt ein Kitesurfer auf dem Rasen
und kämpft konzentriert mit seinem Drachen.

Unauffällig schleiche ich an ihm vorbei,
pflücke ein paar Gänseblümchen
und erreiche den Pfad oben auf dem Deich.
Hier verweile ich einige Minuten,
lasse mir den Wind um die Ohren pusten und schließe meine Augen.
In diesem Moment bin ich mir ganz sicher,
das glücklichste Kind der Welt zu sein.

Die Nacht ist stürmisch. Irgendwann kurz nach Mitternacht,
weckt mich das Klackern des Metallschildes,
welches immer wieder gegen die Wohnwagenwand rasselt.

Kurz darauf beobachte ich, eingerollt in
meine warme Bettdecke,
wie unzählige Blitze in den Boden schießen.
Aus dem Seitenfenster habe
ich einen guten Blick auf den Horizont.
Das Spektakel zieht sich über mehr als eine Stunde hin,
bis es seinen Höhepunkt nimmt und unsere Campingausrüstung
– wir hatten sie am Abend frohen Mutes vor
dem Wohnwagen ausgebreitet liegen gelassen –
mit lautem Geschepper Purzelbäume schlagen lässt.

Nach einer heldenhaften Rettungsaktion
der männlichen Hälfte unseres Zweiergespanns
dauert es nicht lange und ich schlafe wieder ein.

Am Morgen scheint dann alles wie ein Traum.
Die Sonne strahlt auf unseren Campingtisch
und tut ganz so, als würde sie nie etwas anderes getan haben.
Lachend und mit vollen Mägen, genießen wir den Geschmack
des Frühstücks der noch auf
unserer Zunge liegt.
Die frische Luft hier draußen macht uns irgendwie redseliger.
Wir lassen noch kurz die Nacht Revue passieren
und schmieden dann erste Pläne für den Tag.

Kurzerhand entschließe ich mich dazu,
erst mal nach dem Meer zu sehen.
Auf dem Weg zum Deich verstecke ich mich
unter meiner Kapuze und genieße die kühle Morgenluft
an meinen müden Augen.

Um die Pforte zum Deich zu öffnen,
benötige ich zu dieser Tageszeit vollen Körpereinsatz.
Ich lehne mich also gegen die Tür

und freue mich über das, was mich dort erwartet.
Als ich den ersten Fuß auf die Treppe setze,
realisiere ich den Blick eines Schafes,
welches es sich auf einer der Stufen
bequem gemacht hat.
Das alles geschieht
in einem Bruchteil von Sekunden,
denn sobald ich mich über diesen Anblick freue,
ist das Schaf schon wieder wenige Meter entfernt
bei seiner Herde.

Mit jeder Stufe merke ich,
wie der Wind stärker wird.
Ich lehne mich nach vorne
und spüre sie wieder, die Kraft,
die mir kurz das Gefühl gibt,
nicht fallen zu können.

Oben angekommen, bleibe ich stehen und beobachte,
wie die Wellen über die Steine schwappen.
Die Sonne glitzert im Meer
und meine Wangen erhitzen sich langsam.
In diesem Moment schließe ich meine Augen
und bin wieder zehn.

Die Haare wehen in mein Gesicht
und ich bin mir ganz sicher,
der glücklichste Mensch der Welt zu sein.

**Frei sein.**
Ich möchte mit ausgestreckten
Armen in die Sonne laufen.

Das Meer vor mir sehen
und die Freiheit spüren.

Ich möchte mich im Kreis drehen,
die Welt um mich fliegen lassen,
mich fallen lassen,
den Sand in meinen Händen spüren,
jede einzelne Wolke betrachten.

Ich möchte zurück ans Meer.
Dorthin, wo alles Schwere
von den Wellen weggetragen wird.

Dorthin, wo ich frei bin.

Ich möchte frei sein.



**Ich will.**

Ich will barfuß auf dem Rasen tanzen bis in die Nacht.
Ich will abends den Tag am Lagerfeuer Revue passieren lassen.
Ich will im Winter meine Hände am Feuer wärmen.
Ich will im Sommer draußen duschen, Stoffballen über die Wiese rollen,
mit meiner Nähmaschine auf dem wackeligen Holztisch hantieren.
Ich will mit meinem Schlafsack zur Toilette hüpfen müssen.
Ich will draußen stehen, mein Lieblingsessen
auf dem Gasherd zubereiten und mir nebenbei
Kräuter aus dem Garten pflücken.
Ich will nicht scrollen müssen, um mich dort
hin zu träumen, wo ich gerne sein würde.
Ich will dort sein!

Ich will, ich will, ich will ...
Obwohl mir doch immer gesagt wurde, dass man »möchte« sagt.
Aber was man mir sagt, will ich nicht.

Denn draußen sein macht mich glücklich!
Von der Sonne oder dem Plätschern des Regens geweckt zu werden macht mich verdammt glücklich!
Nicht das Zimmer, das tagsüber leer steht und
wenn ich abends wiederkomme so viel Platz für Chaos bietet.
Nicht die Wohnung, die mir jeden Monat den letzten Cent raubt, obwohl ich sie so oft doch nur im Dunkeln betrete.

Ich will so klein wie möglich leben,
so wenig Platz wie möglich haben,
für Zeug, dass ich eh nicht brauche.

Ich will, dass sich mein ganzes Leben wie Urlaub anfühlt.
Ich will umgeben sein von Dingen, die mich glücklich machen.
Ich will, dass die Natur eine Rolle spielt in meinem Leben.

Und ja, ich will UNREALISTISCH sein.

Ich will meine Probleme nicht sehen,
denn sie kommen auch ohne, dass ich an sie denke.
Ich liebe es so sehr, der Realität fern zu sein,
obwohl ich ein Mensch bin, der sie sich viel zu oft vor Augen hält oder genau deshalb.
Ich will, ich will, ich will ...
und glaubt mir –
Ich werde!!!

# //Drei Fragen zum Schluss:



**Wie kam es dazu, dass du dich für einen Wohnwagen entschieden hast?**

Die Wahl für ein Alternativfahrzeug stellte sich mir gar nicht erst. Mein Traum ist eigentlich ein Oldtimer Wohnmobil mit Alkoven. Damit ich vor dem Schlafen vom Dachfenster aus den Himmel beobachten kann. Der Wohnwagen war letztlich aus Kostengründen die bestmögliche Option. Er ist praktisch und günstig. Und vor allem hat er keinen Motor und bereitet folglich weniger Sorgen! Wir hören aber nicht auf zu träumen!

**Wie lange hat der Ausbau gedauert und was hat er gekostet?**

Für Frida, mein erstes Projekt, habe ich knapp ein halbes Jahr gebraucht. In der Zeit habe ich aber auch sehr viel Freizeit gehabt und Tag und Nacht im Wohnwagen verbracht. Harriet, mein derzeitiges Projekt, läuft mehr oder weniger nebenbei seit einem Jahr und ist bald fertig. Das ist eben eine Sache von Zeit und Priorität. Die Kosten hängen natürlich erheblich vom Kaufpreis des Oldtimers ab. Je nach Ausstattung mit Solar etc. kommen da schon ein paar Tausend zusammen. Wer aber Glück hat ergattert ein Schnäppchen und kann mit Farbe und Stoff schon einiges verschönern. Der Anspruch steigt mit zunehmender Campingerfahrung und dem Bedürfnis autak stehen zu können.

**Wie oft und wie lange bist du unterwegs?**

Wir versuchen so oft es geht rauszukommen. Manchmal klappt es häufiger und manchmal eben nicht. Das hängt natürlich auch vom Urlaub, Wetter und der Jahreszeit ab. Wenn es nach mir ginge würde ich umziehen in den Wohnwagen oder in so einen tollen alten Schulbus. Aber alles hat seine Zeit. Derzeit sind es meistens die Wochenenden, bald aber vielleicht auch wieder eine große Reise!

## //Über die Autorin:

»Frida Richtung Freiheit« – Dahinter stecke ich, ein Mensch voller Tatendrang und überquellender Kreativität, unterstützt und getragen von meinen Lieblingsmenschen. Ein Dank geht raus an euch, ihr Lieben! Ich verstecke mich gerne hinter all diesen wahllos herumfliegenden Eindrücken von Sehnsucht nach innerer Losgelöstheit und Ferne. Entgegen der naheliegenden Vermutung ist mein Name nicht Frida, sondern Angelina. Seit ich nun schon einige Jahre einen – nun, mittlerweile zwei – Oldtimer Wohnwagen mein Eigen und Zufluchtsort nennen darf, erschaffe ich mir eine neue Welt, zumindest in die Richtung wie sie mir gefällt.
»Frida Richtung Freiheit« ist der Name, hinter dem all dieses steht: Wohnwagen-Restauration, Do It Yourself, Camping, Naturliebe, Freiheitsdrang. Für mich steht aber noch viel mehr dahinter: Ein Spirit, der Menschen verbindet, ein Magnet der Liebe, der Kreativität und des Austauschs.
Ihr findet mich bei Instagram über

@fridarichtungfreiheit.

# //Wie das Vanlife unser Leben rettete

*VON MAREN SCHWITALLA UND CHRISTIAN ZAHL*

*»Nichts ist vergleichbar mit dem guten Gefühl, an einen vertrauten Ort zurückzukehren und zu merken, wie sehr man sich verändert hat.« – Nelson Mandela*

## Christian

Es war ein Sonntagmorgen im kalten Februar. Die Sonne schien, die Luft war klar, ein wenig Schnee lag im Garten. Unsere kleine Doppelhaushälfte hatten wir in den letzten Monaten zu einem schönen Zuhause gemacht. Es gab einen Kamin und das Feuerholz hinter der Garage war zu einem recht ansehnlichen Haufen gestapelt. Es gab einen großen Fernseher, der umgeben war von einer handgemachten Bibliothek eines befreundeten Tischlers. In der Garage stand ein sportliches Cabrio, ein weiterer Oldtimer befand sich in Restauration.

Meine Frau hatte es nach sieben Jahren Studium geschafft, im Berufsleben als Ärztin anzukommen. Die letzten Jahre waren entbehrungsreich gewesen, aber seit kurzem ging es uns finanziell richtig gut. Wir hatten viel erlebt und durchgemacht, was nicht ungewöhnlich ist nach 21 Jahren Beziehung. Drei Jahre zuvor hatten wir dann den Entschluss gefasst zu heiraten. Einfach, schlicht, ohne Familie, so hatten wir es uns immer gewünscht. Wie soll man auch seine Sandkastenliebe heiraten, wenn man sich doch so gut kennt? Und so schweißten wir uns zusammen zu einer Einheit, die super funktionierte. Jeder wusste, was er zu tun hatte, man wusste schon, was der Partner auf eine Frage antworten würde. Wir waren ein Herz und eine Seele. So sollte mein Leben nun weitergehen, ich war fest entschlossen, alles für eine gute Rente zu tun. Kinder wollten wir nicht; nein, Kinder wollte sie nicht, und so gab es nur uns und unseren Alltag. Ich fand das gut, hatte mich damit arrangiert. Warum sollte man sein Leben aufregend gestalten, wenn es doch so gut funktionierte? Kaum Freunde, keine Verpflichtungen, nur sie und ich und unser perfektes Leben.

Wie jedes Wochenende in der letzten Zeit schlief sie sehr lang. Ich machte mir darüber keine Gedanken, nach den stundenlangen Schichten im Krankenhaus und dem späten Nachhausekommen. Ich kümmerte mich um den Hund und machte den Kamin an. Der Fernseher lief, als sie aus dem

Schlafzimmer kam und sich ins Wohnzimmer auf die Couch setzte.

»Wir hatten doch mal über das Wohnmobil gesprochen, was wir uns zulegen wollten«, sagte ich und schaute dabei auf den Kalender in der Küche. Wenn wir es jetzt kauften, hatte ich Zeit es für unsere Ansprüche umzubauen und im Sommer wären wir auf Tour. Sie fing an zu weinen und schluchzte. Mich traf es wie ein Blitz, als würde Elektrizität durch meinen Körper rauschen. Mir wurde schlagartig heiß, meine Knie wurden weich, ich konnte nicht mehr stehen. Sie musste nichts sagen. Aus irgendeinem Grund wusste ich sofort, was los war.

»Ich habe mich verliebt«, sagte sie weinend. Meine Vermutung wurde bestätigt, und ein zweiter Schlag in meinem Körper setzte mich außer Gefecht. Ich musste erbrechen, mir wurde kalt … Ich habe immer gedacht, dass mir so etwas niemals passieren würde. Wir waren zu perfekt, als dass man das irgendwie hätte zerstören können. Aber man konnte es, sogar leichter, als ich es je erwartet hätte. Ich kann den Schmerz nicht beschreiben, aber er war unfassbar stark.

Es ging nichts mehr, ich war weder ansprechbar, noch konnte ich mich bewegen. An essen war nicht zu denken und trinken sowieso nicht. Wir konnten noch nicht einmal mehr über irgendetwas reden, als sie mit gepackten Koffern das Haus verließ.

Ich igelte mich ein, konnte niemanden sehen, mit niemanden sprechen. Den Kontakt zu meiner Familie brach ich ab, die Arbeit musste auf mich warten, denn ich blieb einfach zu Hause. Mein Hund Dexter lag die meiste Zeit bei mir, ich war zu nichts zu gebrauchen. Gassi musste er im Garten machen, ich traute mich nicht auf die Straße. Ich war nicht nur verletzt, ich war gebrochen. Ich fühlte einfach nichts. Ich war leer. Das Gefühl, nicht mehr man selbst zu sein und raus aus seinem Körper zu wollen, war noch nie so stark. Ich konnte weder vor noch zurück, ich war ein Niemand. Mich hielt nichts mehr auf dieser Welt …

Und so ging ich in den Wald, ein starkes Seil in der Hand, auf der Suche nach einem geeigneten Baum. Ich war ruhig, als ich das Seil irgendwie an den Baum knüpfte … STOPP! Eine Stimme in mir schrie auf. »Stopp, habe ich gesagt!« Ich spürte eine Kraft, kam mir aber vor, als würde ich halluzinieren. »Das bist du nicht! Das ist nicht der Mensch, den ich kenne. Deine Trauer überrennt dich einfach. Lass das nicht zu, dein Leben geht weiter, egal wie. Und außerdem: Wer kümmert sich um Dexter?« Ich rannte aus dem Wald und rannte und rannte und rannte. Eine Art Lebensenergie durchströmte mich, und meine Gedanken kamen aus dem Nebel hervor. »Suche dir Hilfe, und gemeinsam bekommen wir das hin …« Die Stimme, die das sagte, klang kräftig, aber sehr jung. Ich musste an meine Jugend denken. Ich war lustig gewesen, voller Humor und Energie und ein wenig verrückt. Ich denke, mein früheres Ich war es, das zu mir sprach.

Am nächsten Tag saß ich bei einem befreundeten Psychologen. Der erste Mensch, der nach drei Wochen mit mir redete. Und es war letztendlich mein Schritt aus der Trauer. Es war immer noch sehr schwer in der Doppelhaushälfte zu wohnen, aber die Lebensfreude schob die immer wieder auftretende Trauer beiseite. Langsam füllte sich mein leeres Ich mit Dingen aus meinem neuen Alltag. Wäsche waschen, einkaufen, Abendessen bereiten waren alles Sachen, die ich lernen musste und die mich jeden Tag meine Fehler entdecken ließen, die ich in der Beziehung gemacht hatte. Es war ein schwieriger Weg, aber ich habe ihn allein gemeistert. Ich war am Ende … Trauer, Gedanken, wenig Essen, kaum Schlaf zehrten an meinem Körper.

Es war die fünfte Sitzung beim Psychodoc, als er mich fragte, was ich schon immer mal machen wollte. »Den Jakobsweg laufen …« Gut, das sei zu viel für den Anfang, meinte er, aber er war der Meinung, ich müsste mal raus aus meinem Leben und etwas Abstand gewinnen.

»Du bist doch Mechaniker?«, sagte er fragend.

»Ja«, erwiderte ich.

»Dann setz dich in dein Auto und fahr einfach mal weg.«

»Wohin?«, fragte ich verwundert.

»Einfach machen«, sprach er und erklärte die Stunde für beendet.

Wegen Dexter fuhr ich schon immer größere Autos. Wie es der Zufall wollte, hatte ich glücklicherweise ein paar Monate vor unserer Trennung einen Minivan gekauft. Also alles gepackt, reingesetzt und los ging es. Aber nicht etwa hunderte Kilometer weit weg, sondern eine Deutschlandtour sollte es sein. Zu dem Zeitpunkt wusste ich noch nicht, dass am Ende dieser Reise ein völlig neues Leben auf mich warten würde und ich nicht mehr allein nach Hause zurückkehren sollte.

### Maren

Meine Reise zu mir selbst begann im Frühjahr 2015. Ich hatte seit mehreren Jahren einen guten, festen Job in einer Designagentur von übersichtlicher Größe und arbeitete mit einem tollen Team zusammen. Ich pendelte tagein, tagaus mit öffentlichen Verkehrsmitteln von A nach B und wieder zurück, und ich befand mich in einer langjährigen Beziehung, die kurz davor war, ein Jahrzehnt vollzumachen. Die Beziehung war sehr friedvoll, weil beide Seiten eher harmoniebedürftig waren. Abends ging ich zum Sport oder saß vorm Fernseher, entweder zusammen mit meinem damaligen Freund oder auch – bedingt durch seinen Schichtdienst – allein. Am Wochenende meist das Gleiche. Nach außen hin war alles wunderbar ausgeglichen. Ich war Anfang dreißig und hatte keinen Zweifel, dass sich an meiner Situation so schnell nichts Gravierendes ändern würde. Stattdessen würde das Leben vermutlich den konventionellen Weg nehmen, so nahm ich an. Wenn ich mit einer guten Freundin telefonierte, die mir von ihren neusten Erlebnissen erzählte, hieß es bei mir meistens, dass es nicht viele Neuigkeiten gab, aber das war in Ordnung so. Ich mochte unser kleines, beschauliches Leben.

Und plötzlich riss mir eben dieses kleine Leben den Boden unter den Füßen weg. Der Mensch, mit dem ich über Jahre so eng zusammenlebte, den ich so gut zu kennen meinte, sagte mir, dass er mich seit mehreren Monaten betrog. Das war wie ein Schlag ins Gesicht, ich taumelte, fragte mich, ob das wirklich wahr sein konnte, ich verzweifelte, lag am Boden und stellte plötzlich ALLES in Frage. Es fühlte sich an, wie ein freier Fall. Angst und Ungewissheit machten sich breit. Wochen und Monate vergingen. Irgendwann stellten sich zunächst Schmerz und Trauer und dann Wut ein. Es brauchte seine Zeit, doch irgendwann war der Abstand groß genug, um zu erkennen, dass alles richtig war, so wie es war. Dieser Einschnitt war tief, aber umso wichtiger, um mir endlich die Augen zu öffnen. Mit der Zeit entdeckte ich mich als eigenständige Person wieder. Nicht als jemand, der sich immer nur nach anderen richtet, sondern der sich selbst als den wichtigsten Menschen in seinem Leben erkennt. Mein altes Leben war der Inbegriff von Sicherheit. Was mich dennoch die ganze Zeit über gestört hatte, war ich selbst. Zu still, zu klein, zu nett. Nicht gesellschaftsfähig, sondern langweilig. Ich sprach das regelmäßig aus und machte mich dafür fertig. Um nicht negativ aufzufallen, wollte ich es nach Möglichkeit allen recht machen: Ich war eine geschätzte Mitarbeiterin, die, ohne zu meckern, alle Aufgaben annahm, auch wenn es noch so viele waren, und insgeheim der starke Part der Beziehung. Denn mein damaliger Partner war zwar ein herzensguter Mensch, hatte aber psychische Probleme, die ich stets mit auffing. Ich hatte all meine Energie in die Beziehung gesteckt – und darüber mich selbst vergessen. All das wurde mir erst mit besagtem Abstand so richtig bewusst.

Nachdem mich das Leben so unsanft geweckt und von der

Klippe gestürzt hatte, lernte ich den freien Fall irgendwann schätzen und lieben. Er gab mir die Möglichkeit für einen Neuanfang. Alles auf Null setzen und eigenständig entscheiden, wo die Reise hingehen soll – was gibt es Besseres? Der feste Job blieb zunächst noch, immerhin war er, neben meiner Familie, gefühlt das Einzige, was mir geblieben war. Ich zog näher an den Arbeitsort – schließlich war das Pendeln einem Beziehungskompromiss geschuldet –, überlegte mir tausend Dinge, die ich gerne für mich machen wollte und setzte eines nach dem anderen um. Ich fühlte mich befreit.

Bis eine Reise näher rückte, die schon Monate zuvor gebucht war, als die Beziehung noch intakt war. Ich hatte Flugtickets nach Los Angeles, zwei Stück, von denen mindestens eines verfallen würde. Ich vermute, dass jeder, der sich an diesem Buchprojekt beteiligt, nicht lange gezögert hätte. Für mich war es jedoch ein langes Hadern – zwischen dem Schritt, mir und allen zu beweisen, dass ich stark genug war, allein zu verreisen, und dem erneuten Verharren in der Komfortzone, in Sicherheit vor der vermeintlichen Einsamkeit und vor dem Gedanken daran, wie diese Reise eigentlich hätte aussehen sollen.

Aus heutiger Sicht fällt es mir schwer, die damaligen Gründe gegen die Reise wieder abzurufen. Doch am Ende entschied ich mich tatsächlich dagegen. Ich ließ beide Tickets verfallen, reiste nicht, blieb zu Hause. Eines der Dinge, die ich vermutlich noch lange bereuen werde.

Warum erzähle ich diese Geschichte? Es ist eine klassische Trennungsgeschichte, wie sie wohl die meisten Menschen mal erleben. Das Schöne an all dem Scheiß ist die Erkenntnis, die ich daraus gewonnen habe, und die sich in so vielen Situationen widerspiegelt, die einem das Leben bietet, wenn man nur hinsieht. So profan die Geschichte auch ist, sie erzählt von der vermeintlich schlimmsten Erfahrung, die ich bisher gemacht habe. Und gleichzeitig war sie das Beste, was mir jemals passieren konnte. So schlecht, wie sich eine Situation anfühlen kann, so gut kann ihre Auswirkung sein. Das Leben ist ein Geschenk, und es ist es wert, es in die Hand zu nehmen, ihm zu vertrauen und es voll auszuschöpfen. Genau das hat mich diese Erfahrung gelehrt, und viele weitere haben es bestätigt.

Nachdem der Flieger ohne mich gestartet war, ließ mich der Gedanke an eine Reise, die ich ganz allein antreten würde, doch nicht mehr los. Ich war nach wie vor darauf aus Neues zu erleben und so buchte ich einen Surf- und Kletterurlaub in Portugal. Nicht im Traum hätte ich zu dem Zeitpunkt gedacht, dass mich ein Mann mit Dobermann und Minivan zum Flughafen bringen und abholen würde, dass ich ab dem Moment nicht mehr aus diesem Wagen aussteigen und am liebsten jede freie Minute mit diesem Gespann unterwegs sein wollte. Ich war nicht nur Mann und Hund verfallen, sondern mit Christian zusammen auch dem Vanlife.



## Maren und Christian

Und hier sitzen wir nun. Gemeinsam, Seite an Seite, im Fahrerhaus unseres »Freiheitsmobils«. Zwischen uns liegt Dexter, auf dem Armaturenbrett tanzt die hawaiianische Wackelfigur im Bastrock. Es riecht nach der Tomatensauce vom Mittagessen. Das Bett ist zerwühlt und durch das Dachfenster weht ein laues Lüftchen. Wir sind unterwegs. Das Ziel ist irrelevant, der Weg dahin ist die eigentliche Reise. Und auch, wenn wir nicht immer ferne Länder anstreben, so ist doch jeder Trip eine Erholung für die Seele.

Über den Begriff »Vanlife« mag man streiten. Er wird weitläufig als Hashtag für Standard-Bildmotive missbraucht. Für manch einen ist er denjenigen vorbehalten, die ihren festen Wohnsitz aufgegeben haben und vollständig in ihr Fahrzeug gezogen sind. Für uns ist Vanlife zur Lebenseinstellung geworden. Es beschreibt ein Gefühl, das entsteht, wenn wir uns in und um unseren Van aufhalten. Egal, ob unterwegs oder einfach vor der Haustür. Unser individuelles Vanlife entschleunigt und erdet uns, erinnert uns daran, wie vielfältig das Leben sein kann. Überall wo wir die Schiebetür öffnen, erschließt sich uns eine neue Welt, in der es immer wieder Neues zu entdecken gibt. Wie einfach man sich aus der tödlichen Routine des Alltags ziehen kann mussten wir beide erst sehr schmerzhaft lernen. Unsere ersten Erfahrungen haben jedoch gezeigt, dass dazu Luftmatratze und Schlafsack, mit denen wir unseren damaligen Minivan ausgestattet hatten, völlig ausreichen. Es geht niemals um das »Wie«, das »Warum« oder das »Wohin«, sondern immer nur um »DAS«. Einsteigen, starten, in Fahrt kommen. Die Welt und die Menschen, die in ihr leben, kennenlernen und dem Leben aufgeschlossen gegenübertreten. Doch es gibt eine Entdeckung, die ist immer gleich: Wir entdecken uns selbst.

## //Drei Fragen zum Schluss:

**Was war euer schönster Reisemoment?**
Einen bestimmten schönsten Reisemoment haben wir eigentlich gar nicht. Auch wenn es wie eine Plattitüde klingt: Für uns hat jede Reise und jeder Moment seinen besonderen Reiz. Das Schöne daran ist die Unberechenbarkeit: Meistens bringt ein vermeintlicher Umweg die schönsten Eindrücke mit sich.

**Gibt es etwas, vor dem ihr immer noch Angst habt, obwohl ihr erfahrene Vanlifer seid?**
Auch hier müssen wir passen. Klar gibt es hin und wieder Unsicherheiten, wenn wir zum Beispiel nicht richtig einschätzen können, wie geeignet ein ausgewählter Schlafplatz ist. Aber Gründe für »Angst« gibt es in unseren Augen keine.

**Welcher Ort hat euch am meisten überrascht?**
Die Farbe des Meeres an Norwegens Küste, die Hundebegeisterung in Italien, das schlechte Internet in Deutschland … – Wir lassen uns immer wieder gerne überraschen, dafür lieben wir das Vanlife.

## //Über die Autoren

Wir sind Maren und Christian von »ROAD & BOARD«. In diesem Namen berichten wir von unserem Leben in und rund um unseren Van. Dabei geht es vor allem um die Möglichkeit, mit kleinen Mitteln Großes zu schaffen, und hin und wieder aus dem Alltagstrott auszusteigen. Es ist ein Lebensgefühl – vom Hashtag »Vanlife« inspiriert und von der Idee, auch andere dazu zu inspirieren, die Perspektive zu wechseln. Mit dieser Einstellung haben wir vor mehreren Jahren unser Leben umgekrempelt. Unser erster selbstausgebauter Minivan half uns dabei, die Welt mit anderen Augen zu sehen, abseits von Alltag und Arbeitsstress. Gemeinsam haben wir »ROAD & BOARD« erschaffen, um unseren Erlebnissen einen angemessenen Rahmen zu geben. Nach zahlreichen Touren mit dem »kleinen« Chrysler Voyager stand Anfang 2018 das zweite Ausbauprojekt auf dem Plan: größer, schöner, »Bob«! Den VW Crafter haben wir mit viel Liebe zum Detail ausgebaut und so gemütlich gestaltet, wie es nur irgendwie möglich war. In unserem Vlog zeigen wir nicht nur jeden Fortschritt des Ausbaus, sondern auch unsere humorvolle Seite und nicht zuletzt Christians Knowhow als Kfz-Mechaniker. Seitdem ›Bob‹ startklar ist, sind wir endlich wieder häufiger auf der Straße und nehmen unsere Zuschauer selbstverständlich auch dabei immer mit, schließlich geht es jetzt erst richtig los!

www.instagram.com/roadandboard/

# Alles eine Frage der Perspektive – Mit Auto und Zelt durch Norwegen

*VON MIRIAM LORENZ*

*»Was macht es schon, wenn man uns für Träumer hält.«*
*– Gandhi*

Tok, tok, tok … Leise plätschert der Regen auf das dünne Dach des Trekkingzeltes. Ich bin wach. Irgendetwas klatscht mit seltsamem Geräusch gegen die Wand. Langsam taste ich neben mich. Akim gibt einen leichten Seufzer von sich, als ich sein warmes Fell berühre. Meine Hand sucht sich weiter bis an das Ende der Isomatte. Wasser. Auf dem Boden ist Wasser! Das Zelt ist vollgelaufen! Endlich kann ich das Geräusch zuordnen. Es ist das Wasser, das durch meine Bewegungen auf der Matte gegen das Innere der Zeltwand gespült wird. Ich stöhne auf. »Das ist das letzte Mal«, murmele ich leise.

**Zwei Wochen vorher:**

Es ist Mitte Juli als wir uns auf den Weg nach Norwegen machen. Lange hatten wir diesen Urlaub herbeigesehnt. Endlich wieder ein Roadtrip! Endlich wieder im Zelt schlafen! Dieses Gefühl von Unabhängigkeit und Freiheit! Endlich wieder zurück in unser geliebtes Skandinavien! Carcamping – das hatten wir in den letzten Jahren perfektioniert. Seit unserer ersten gemeinsamen Tour nach Frankreich im Sommer 2012 haben wir Ausstattung und Packverhalten immer weiter optimiert. 2013 und 2015 sind wir mit Auto und Zelt durch Nordnorwegen bis zum Nordkapp gereist, im Herbst 2013 zwei Wochen durch Großbritannien getourt, es folgten auf diese Weise Oman, Kanada, Alaska und Island. Wir sind gut organisiert, alles hat seinen Platz. Das ist umso wichtiger, da wir im außereuropäischen Ausland immer nur mit kleinen Mietwagen unterwegs sind und uns in Europa als Stauraum lediglich die Rückbank unseres Kombis zur Verfügung steht. Im Kofferraum saß früher Ridgeback Skar und heute ist es Dogo Canario Akim, der nun das erste Mal mit uns gemeinsam im Zelt übernachten wird. Wir sind gespannt! Und etwas enttäuscht, weil sich seit Ende März eine klare Erwartungshaltung in uns aufgebaut hatte: Unseren Norwegen Roadtrip machen wir zum allerersten Mal mit Campervan! Das hat leider nicht funktioniert.

Lieferprobleme haben uns einen Strich durch die Rechnung gemacht und so wird »DoGo«, unser Kastenwagen-Camper, erst ein paar Wochen nach unserer Norwegen-Tour bei uns ankommen.

Mit diesem Mix aus unterschiedlichen Gefühlen brechen wir auf. Gespannt, wie sich Akim nachts im Zelt zwischen uns machen wird, wehmütig, weil wir vorerst das letzte Mal auf diese sehr minimalistische Weise unterwegs sein werden und etwas enttäuscht, weil wir uns in unseren Träumen schon ausgemalt hatten, den Nordwesten Norwegens mit unserem Campervan zu erobern. Wir erreichen den Saltfjell Nationalpark nach drei Tagen anstrengender Anreise an einem warmen Nachmittag. Wenn man staubedingt neun Stunden bis zur dänischen Grenze braucht anstatt fünf Stunden und der Vierbeiner dann auch noch mitten im Elbtunnel einen Magen-Darm-Anfall im Kofferraum erleidet, kann man durchaus von einem holprigen Start in den Urlaub sprechen, oder? Was so anfängt, das kann nur noch gut werden, beschließe ich und strecke meine müden Glieder in der Sonne. Während ich Erkundigungen in der Touristeninfo einhole, drehen die Männer schon einmal eine Runde in der Umgebung. Auf der Suche nach Akim und Andy schieße ich die ersten Fotos des Urlaubs. Als ich sie schließlich einhole, blinzele ich auf das Kameradisplay. Stimmt irgendetwas mit den Einstellungen nicht? Die Bilder machen alle einen so übersättigten Eindruck auf mich. Es dauert etwas, ehe ich begreife: Nein, das ist einfach so. Das sieht hier einfach so aus.
Willkommen in Norwegen!

Vollgepackt mit Broschüren über den Nationalpark fahren wir weiter zu unserem ersten Ziel: Saltstraumen. Etwa 30 Kilometer südlich von Bodø befindet sich der stärkste Gezeitenstrom der Welt. Mit bis zu 40 km/h Geschwindigkeit rauschen hier bei Ebbe und Flut die Wassermassen durch einen engen

Sund. Überall entstehen breite Strudel und sorgen für ein beeindruckendes Farbspiel aus weißer Gischt, tiefblauem und türkisfarbenem Wasser. Wir genießen einen traumhaften Sommertag bei für Norwegen ungewohnten 32 Grad im Schatten. Der Jahrhundertsommer – er hat auch vor dem hohen Norden nicht Halt gemacht.

Die erste Nacht verbringen wir am Strand von Sandvika. Nach einem ausgedehnten Spaziergang in den Sonnenuntergang hinein, schlagen wir unser Zelt im weichen Sand auf. Am nächsten Tag zieht es uns abends zum Valnesvatnet, einem kleinen Fjord, wo wir den darauffolgenden Morgen mit einem erfrischenden Bad im klaren Wasser beginnen. Wir campen wild, so wie es hier in Norwegen geduldet wird. Dabei achten wir penibel darauf, keinen Müll – auch keinen organischen – zurückzulassen und niemanden zu stören. Zelten im Sand mitten am Strand … oder in einer kleinen, nur zu Fuß zugänglichen Ecke im Fjord. Das wird uns künftig fehlen, denke ich still.

Wehmut.

Das Wetter macht uns einen Strich durch die Rechnung, als wir uns auf eine Zwei-Tages-Wanderung durch den Nationalpark machen wollen: Gewitterwarnung. Die schwül-warmen Temperaturen der letzten Tage fordern ihren Tribut. Also verzichten wir auf eine weitere Nacht am Strand und begeben uns früher als geplant auf den Weg südwärts. Es beginnt zu dämmern. Noch immer haben wir keinen geeigneten Platz gefunden, um unser Zelt aufzuschlagen. Gedanklich bereiten wir uns auf eine Nacht im Auto vor. Am Horizont zucken die ersten Blitze, als Andy eine Vollbremsung macht.

»Da! Wetterschutzhütte!« Wahnsinn! Dieser kleine Unterstand – eigentlich gemacht für Wanderer und Radfahrer –, ausgestattet mit Sitzgelegenheiten und Grill, kommt uns gerade wie gerufen! Und wenn du glaubst, es geht nicht mehr, kommt von irgendwo eine Wetterschutzhütte her! Wir tanzen! Na ja, zuerst parken wir den Wagen. Zelt, Schlafsäcke und am Tage frisch gefangenen Fisch tragen wir hinüber zur Hütte. Akim im Schlepptau. Mit kleinen Augen schaut er uns an. Er hatte wohl im Kofferraum schon ein Schläfchen gehalten. Wir richten uns ein und machen Feuer. Das Zelt bauen wir neben der Hütte auf, denn wir wissen ja nicht, ob vielleicht noch jemand kommt, der sich auch freut, sich im Inneren der Hütte aufwärmen zu können. Aber jetzt! Jetzt wird getanzt!

Was wir zu diesem Zeitpunkt noch nicht wissen: wir sind nicht allein hier in der kuscheligen Wetterschutzhütte am schönen Sandstrand von Mevik. Wir werden beobachtet. Gierig hocken sie in ihrem Versteck und machen sich bereit. Sie sehen, wie wir glücklich mit einem Bier anstoßen, im Schutze der Hütte, während es draußen langsam zu regnen beginnt. Das Feuer prasselt wohlig warm und auf dem Rost darüber garen ein Dorsch und eine Forelle mit Tomaten und Zwiebeln in Alufolie. Kartoffeln liegen am Rande in der Glut. Wie die Könige speisen wir und genießen die kühle Luft und das leckere Essen.

»Sollen wir hier auf dem Boden neben dem Feuer schlafen?« Andy guckt mich an.

»Das ist eine tolle Idee«, erwidere ich. Mit einem weiteren Bier besiegeln wir unsere Nacht im weichen Sand am Feuer. Als es dunkel wird – so dunkel, wie es hier oben im Norden zu dieser Jahreszeit eben irgendwann gegen ein Uhr werden kann – kuscheln wir uns in unsere Schlafsäcke. Akim hat seinen Platz auf einer Decke zwischen uns gefunden. Unsere Beobachter wissen, dass jetzt ihre Zeit gekommen ist. Sie machen sich bereit. Noch hocken sie unentdeckt in ihrem Versteck, aber nicht mehr lange. Sie sind glücklich, dass es hier in der Hütte trocken und windstill ist. Wind und Regen, das mögen sie genauso wenig wie wir.

»Was war das?«, ich schrecke hoch. »Andy! Ich spüre Nadelstiche in meinem Gesicht! Wie kann das sein?« Ich taste mein Gesicht ab, kann jedoch nichts finden. Jetzt spüre ich es auch am Hals, an den Armen …. Es ist überall!

»Midges!« Andy flucht und springt aus seinem Schlafsack. »Ich dachte die gibt es hier an der Küste nicht! Los ins Zelt!«

Eilig packen wir unsere Sachen unter den Arm, um vor den fiesen, kleinen Stechmücken zu flüchten. Akim schüttelt sich und beißt um sich. Sie haben Hunger, die kleinen Biester. Großen Hunger! Und wir stehen auf der Speisekarte …

Die Nacht wird kurz. Zu viele der kleinen Blutsauger haben es mit uns ins Zelt geschafft und ihr Festmahl weiter genossen. Gerädert schlüpfen wir am nächsten Morgen hinaus und blinzeln in den neuen Tag. Das Zelt glänzt nass vom Regen in der noch etwas von Wolken verhangenen Sonne. Ein Wohnmobil passiert die höher gelegene Straße. Wir sehnen uns nach »DoGo«. Im »DoGo« hätten wir Fliegenschutzgitter und könnten ganz bequem drinnen kochen und essen. Auch der Regen wäre kein Problem. Ich betrachte unser Zelt und die ersten hellen Flecken, die sich zu bilden beginnen. Hoffentlich trocknet es jetzt schnell ab.

Enttäuschung.

Noch einen ganzen weiteren Tag und eine Nacht sollten uns die üblen Gesellen begleiten. Wie die Fliege den Misthaufen umkreist, so umkreisten sie uns, waren immer präsent, sobald wir das Auto verließen. Wir beglückwünschten uns dazu, unseren Moskito-Gesichtsschutz mitgenommen zu haben und lernten, mit vollem Gesichtsschutz Spaghetti zu essen. Nämlich indem man möglichst kurz das Netz anhebt, die Gabel zum Mund führt und sofort zurückzieht, um bloß schnell das Netz wieder vor das Gesicht zu ziehen. Auch eine Fähigkeit, die man mal unter realen Bedingungen getestet haben muss, finden wir.

»Wir warten jetzt noch ein, zwei Tage ab und wenn es weiter südlich nicht besser wird, dann hauen wir ab.« Wir nicken uns zu.

»Bereit?«

»Bereit!« Ein erneutes Nicken. Unter Vollschutz bauen wir im Eiltempo unser Zelt auf, penibel darauf bedacht, dass keiner der

Plagegeister den Weg hinein findet. Die Nacht wird entspannt und ruhig. Mit neuer Energie starten wir in den nächsten Tag.

Nachdem wir die kleine Fähre, mit der wir den Polarkreis südwärts überquert haben, verlassen, erwartet uns eine Überraschung: Als wir von Bord fahren, begrüßt uns heller Sonnenschein. Wir stoppen am nächsten Hafen und steigen aus. 19 Grad und Sonne! Ich halte mein Gesicht in die warmen Strahlen. Keine Midges, dafür ein sanfter, angenehmer Wind und der Geruch von Meer umspielen meine Nasenspitze. Da ist es wieder: das Roadtrip-Freiheits-Glücksgefühl! Es ist zurück! Endorphine strömen durch meinen Körper und zaubern mir ein Lächeln ins Gesicht.

»Frühstück?«

Beim Fähranleger von Stokvangen finden wir eine tolle Ecke für unser Zelt. Wir bleiben zwei Tage. Es ist Wochenende und zahlreiche Norweger gesellen sich zu uns. Familienväter gehen mit ihren Kindern angeln, Pärchen genießen die freien Tage in der Natur und stoßen abends vor ihrem Zelt mit einem Glas Wein an. Wir tun es ihnen gleich. Andy unternimmt ein paar Spearfishing Schnorchelgänge, während ich faul in der Sonne sitze und es genieße, ein Buch zu lesen. Abends bereiten wir die Fisch-Ausbeute zu und trinken Weißwein aus Emailletassen. Zu Wehmut und Enttäuschung gesellt sich ein weiteres Gefühl: Dankbarkeit. Wir sind dankbar für das Leben, das wir führen, für unsere Freiheit, dass wir uns gefunden haben, dankbar dafür, dass wir für dasselbe Feuer brennen und dieselben Dinge lieben. So wie es Andreas Bourani in unserem Song singt, zu dem wir noch ein Jahr zuvor am Strand von Dänemark geheiratet haben.

Mit diesem Gefühl ziehen wir weiter auf dem Küstenweg südwärts. Wir entdecken neue Angelspots, wunderschöne Fjordlandschaften, wir genießen die vielen kurzen und längeren

Fährüberfahrten, sehen Elche und erklimmen in Steinkjer den größten Gartenstuhl der Welt. Hinter Steinkjer jedoch trennt sich das gute Wetter wieder von uns und lässt uns im Regen stehen. Allein. Nur wir drei und unser Zelt.

»Hier?»

»Joa, mach man! Besser wird's nicht«, nicke ich Andy zu, als wir nach einem geeigneten Platz suchen. Schon ein paar Stunden stehen wir hier etwas abseits der Hauptstraße und warten darauf, dass es aufhört zu regnen. Andy macht ein paar Würfe mit der Angel und knüpft Kontakt zu drei Norwegern, die ebenfalls ihr Glück mit der Rute versuchen. Seine Ausbeute, ein paar Makrelen, schenkt er ihnen, als sie sich verabschieden. Wir würden heute Abend ohnehin nicht mehr draußen kochen. Ich beobachte die Szene aus dem trockenen Auto, als ich von meinem Buch aufsehe. Das Zelt ist schnell aufgebaut. Gemütlich kuscheln wir uns ein.

Tok tok tok ... Leise plätschert der Regen auf das dünne Dach des Trekkingzeltes.

»Das ist das letzte Mal«, murmele ich leise.

»Wir schwimmen.« Ich drehe mich zu Andy um. Er blinzelt mich an. Dann wird auch ihm bewusst, was hier gerade passiert. Schnell rafft er seine Sachen zusammen und bringt sie auf seiner Isomatte in Sicherheit. Wie auf einer Insel im Ozean ruhen sie jetzt dort, geschützt vor dem Wasser, das schon etwa zwei Zentimeter hoch im Zelt steht.

»Und nu?«, ich sehe ihn fragend an.

»Abwarten«, gibt er achselzuckend zurück. »Nutzt ja nix. Regnet ja noch ordentlich draußen.« Er legt sich wieder hin. »Ist ja das letzte Mal ...», murmelt auch er und starrt an die Zeltdecke, an der sich bereits kleine Tröpfchen bilden. Akim liegt zwischen uns und drückt sich auf unsere Matten, bedacht, nicht auf dem nassen Boden zu landen. Unsere Hände treffen sich auf seinem Rücken

»Sind wir jemals schon einmal so richtig abgesoffen mit

unserem Zelt? Eigentlich hatten wir bis jetzt doch echt immer Glück mit dem Wetter gehabt, wenn wir unterwegs waren, oder? Sogar im Herbst in Großbritannien …», ich seufze.

»Doch, klar, damals in Schweden, weißt du noch?«

»Stimmt!« Unsere Blicke treffen sich.

»Auf unserer allerersten gemeinsamen Tour, als wir fünf Tage auf dem Bohusleden gewandert sind! Da waren doch abends sogar unsere Hände so schrumpelig vom Regen, dass sie aussahen, als ob wir zu lange in der Badewanne gelegen hätten …«

Ein Lächeln huscht über mein Gesicht. Damals in Schweden, wo alles begann, nur sechs Wochen nach unserem ersten Date.

Das ist das letzte Mal …

»Du, Andy?«

»Hm.«

»Wenn wir ‚DoGo' haben, schlafen wir dann trotzdem ab und zu nochmal im Zelt?«

Andy richtet sich auf und schaut zu mir rüber.

»Klar machen wir das! Oder?«

Zufrieden nicke ich.

Und als wir fünf Stunden später auf einem Rastplatz an einem Fjord im Grünen sitzen, die warme Sonne unsere nassen Klamotten trocknet und auch uns, nachdem wir ein erfrischendes Bad genommen haben, da wissen wir gar nicht mehr so recht, wie wir uns fühlen. Drei Tage Rückweg durch Südnorwegen liegen nun vor uns. Zwei Wochen hinter uns. Zwei Wochen voller wunderschöner Eindrücke, zwei Wochen mit wahnsinnigen Höhen und auch mit ein paar kleinen Tiefen.

»Was denkst du?«

»Was ich denke?«

»Hmhm. Über den Urlaub, über ‚DoGo', über alles.«

»Ich denke, es ist alles eine Sache der Perspektive.«

»Warum?«

»Wir hätten weniger Regen haben können. Und auch weniger Midges da oben an den zwei Tagen. Aber weißt du was? Wenn wir ‚DoGo' nicht gekauft hätten, hätte uns das dann etwas ausgemacht? Hätten wir dann immer wieder verglichen und uns gesagt: mit dem Wohnmobil wäre das gar nicht schlimm, im Wohnmobil wären wir nicht nass geworden, im Wohnmobil hätten wir Mückenschutz gehabt ...? Und wenn wir keinen Regen gehabt hätten und keine Midges, würden wir dann in vier Wochen im ‚DoGo' sitzen und wenn es draußen regnet sagen: ‚Weißt du noch, in Norwegen, wie wir da im Zelt abgesoffen sind? Wie geil ist es denn bitte, dass wir jetzt hier drinnen im Trockenen sitzen und die Heizung läuft?'«

Ich sehe zu ihm herüber. Wir grinsen uns an.

»Wir werden eben älter und entwickeln uns weiter. In vier Wochen gibt es nur noch Luxusurlaub für uns!«

»Luxusurlaub im ‚DoGo'!«

»Darauf stoßen wir an!«

Und so holen wir unsere Campingtassen aus der Tasche und teilen uns das letzte Bier. Wir stoßen an, auf einen unperfekten Roadtrip, der doch eigentlich ziemlich perfekt war, auf eine perfekte Entscheidung, die wir vor vier Monaten getroffen haben, auf viele weitere wundervoll perfekte Reisemomente, die noch vor uns liegen und auf ein Leben, das sich jeden Tag perfekt anfühlt, selbst wenn es mal regnet. Denn: »Ohne Regen keine Blumen.« Es ist eben alles eine Sache der Perspektive ...

## //Drei Fragen zum Schluss

**Wie ist es jetzt mit ›DoGo‹ zu reisen?**

Mit dem ›DoGo‹ zu reisen fühlt sich für uns an wie Luxusurlaub! Wir haben diese Entscheidung bislang noch nicht eine einzige Sekunde bereut und sind nun noch viel öfter unterwegs, als wir es ohnehin schon waren. – Und wenn es nur ein Wochenende irgendwo in Deutschland, eine Stunde Fahrzeit von uns entfernt ist. Ich würde wirklich sagen, einen Campervan zu haben, ist plötzlich ein völlig neues Lebensgefühl! Wir haben uns zwar von Anfang an schon sehr auf ihn gefreut, aber dass es so großartig wird, das hätten wir nicht gedacht.

**Gab es Reisemomente, in denen du dich unwohl gefühlt hast oder sogar Angst hattest?**

Natürlich! In Kanada, auf unserer Kanutour zum Beispiel, als wir morgens aus dem Zelt krochen und am anderen Ende der Bucht einen Grizzly in unsere Richtung kommen sahen. Oder auf unserem Oman-Roadtrip, in unserer ersten oder zweiten Nacht, da hatten wir für unser Zelt nur einen Platz etwas abseits am Straßenrand gefunden. Plötzlich hörten wir draußen Schritte und Geräusche am Zelt. Andy hat immer Pfefferspray und ein Messer neben sich im Zelt liegen, das Spray hatte er schon fest umschlungen, als er vorsichtig das Zelt aufmachte. Aber draußen erwarteten uns keine Menschen, sondern eine kleine Herde Ziegen, die wohl im Schatten der Nacht nach etwas Essbarem suchten.

Grundsätzlich sind wir abenteuerlustige und dennoch bedachte Reisende. Wir hören stets auf unser Bauchgefühl und wenn das nicht passt, entziehen wir uns der Situation. Außerdem gehen wir keine unkalkulierbaren Risiken ein und informieren uns im Vorfeld über unsere Reiseziele. In Kanada hielten wir alle Vorsichtsmaßnahmen für Bärengebiete ein und

konnten den Grizzly auch rasch mit lauten Geräuschen vertreiben. Und hätten wir nicht vorher über den Oman überall gelesen, dass es dort absolut sicher und Zelten kein Problem ist, wären wir nicht so dort unterwegs gewesen.
Auf unserem Israel-Roadtrip 2015 hatten wir uns zum Beispiel nicht getraut, unser Zelt mitzunehmen. Im Nachhinein Quatsch, denn wir haben uns selten in einem Land so sicher gefühlt wie dort. Aber wenn wir unsicher sind, dann entscheiden wir uns in der Regel eher für die vorsichtigere Option.

**Welche europäischen Länder kannst du empfehlen?**
Wir reisen ja erst seit ca. 2017/2018 verstärkt in Europa, daher haben wir ganz viel noch nicht gesehen. Generell lieben wir die Bretagne in Frankreich und die Skandinavischen Länder. Dänemark ist unser Ruhepol und Norwegen hat in unseren Augen die schönsten Landschaften zu bieten, die wir jemals gesehen haben! Der eindrucksvollste Roadtrip, den wir bisher in Europa unternommen haben, war sicherlich der zu den Lofoten und zum Nordkapp. Diese Tour haben wir tatsächlich schon zwei Mal gemacht, weil wir so verliebt in die Gegend dort oben sind!

## //Über die Autorin

Miriam Lorenz hat ihre Passion gefunden. Seit sie 2012 ihren Mann und Travelbuddy Andy kennenlernte, reist sie mit ihm in jeder freien Minute um die Welt. Fast immer mit dabei: früher noch Ridgeback Skar und nun seit 2017 Dogo Canario Akim. Über 50 bereiste Länder stehen bereits auf der Liste der beiden, 27 davon haben sie seit 2012 gemeinsam erkundet.

Gleichzeitig entdeckte Miriam auch ihre Leidenschaft für das möglichst minimalistische Reisen. In außereuropäische Ziele geht es stets mit Backpack. Roadtrips unternehmen die beiden mit Auto und Zelt. Da mutet es fast luxuriös an, dass sich Miriam und Andy 2018 den Traum vom eigenen Campervan erfüllt haben.

Auf dem 2014 gegründeten Blog »ReiseAdrenalin« übernimmt Miriam die Rolle des Schreiberlings und ist verantwortlich für Bloglayout und sämtlichen Social Media Content. Inhaltlich geht es hier schwerpunktmäßig um Backpacking und Roadtrips mit Auto und Zelt. Seit Ende 2018 gesellt sich nun noch die Rubrik Vanlife dazu, die bald einen eigenen Blog erhalten wird.

www.ReiseAdrenalin.de

# Ohne Plan um die Welt – Surfen und Vanlife pur in Australien

*VON NASTASIA BENDEL*

*»Less comfort, more life.«*

Im Januar 2017 habe ich meine Reise mit open end begonnen und bin nach wie vor unterwegs. Es war immer mein Traum, frei zu sein und nicht auf die Uhr oder den Kalender schauen zu müssen, und vor allem kein Datum zu haben, an dem ich wieder zurück sein muss. Nun ist die Welt mein Zuhause geworden. Seit einem Jahr bin ich in Australien, wo ich ein neues Zuhause gefunden habe: einen Campervan. Ich liebe es, offen zu sein, auf Leute zuzugehen, die ich nicht kenne, denn wer weiß, vielleicht werden gerade diese Personen zu einem wichtigen Kapitel in meinem Leben. Ich liebe die Freiheit, die Natur, Kulturen, Abenteuer, »Ja« zu sagen und natürlich ganz viel Adrenalin.

Ich wache schweißgebadet auf. Die Klimaanlage ist wohl in der Nacht ausgefallen. Bali ist so heiß, dass ich täglich fünf bis sechs Stunden im Wasser verbringe, um meinen Surf zu verbessern. Früh aufstehen, Wellen checken, surfen, frühstücken, chillen, surfen, Kokosnusswasser trinken, surfen bei Sonnenuntergang, Abendessen und schlafen. In diesen Lifestyle habe ich mich schnell verliebt. Allerdings sah ich nach fünf Monaten Surferlifestyle auf Bali nur noch Ebbe in meinem Portemonnaie. Um meinen Traum vom Reisen weiter leben zu können, musste schnell ein Job her. Von meinen Surfbuddies erfuhr ich, dass ich in Australien easy einen Job finden würde, aber auch, dass das Leben, vor allem das Dach über dem Kopf, sehr teuer sei. Ein Plan musste her, wie ich mit dem verdienten Geld möglichst lange leben und reisen könnte. Die einzige Möglichkeit war ein Van. Es war schon immer mein Traum, in einem VW-Bus zu leben. Über einen Kumpel, der inzwischen in Australien lebt, kaufte ich »blind« von Bali aus einen ausgebauten VW T4 Transporter. Manche halten mich für verrückt, doch ich lege großen Wert auf das Vertrauen in die Menschheit. Angekommen in Brisbane, zeigte mir mein Kumpel den Van und ich verliebte mich sofort in mein neues Zuhause. Leider war er ein bisschen über meinem Budget, aber mein Bruder half mir, indem er mir Geld lieh. Nun war es meine Aufgabe, diesen Van zu meinem neuen Heim zu transformieren. Ich packte endlich meinen Backpack aus und fand noch Deko aus Südostasien, die sofort einen tollen Platz fand. Das beste Gefühl war es, den Backpack ganz hinten im Van verstauen zu können und diesen nicht mehr schleppen zu müssen. Nun konnte das neue Abenteuer »Vanlife« beginnen. Ich war voller Hoffnung, schnell einen Job zu finden, mit dem ich so viel Geld verdienen würde, um meine Schulden begleichen und weiter reisen zu können. Und tatsächlich fand ich bald eine Stelle als Au Pair. Am ersten Tag meines neuen Jobs durfte ich erfahren, dass auch andere Leute großes Vertrauen in die Menschheit haben. Die alleinerziehende Mutter teilte mir mit, dass sie wegen eines Notfalls schnell zur Arbeit müsse und plötzlich stand ich mit Ava (3 Jahre) und Xavier (1,5 Jahre) sowie Frankie, dem Hund der Familie, allein da. Auf dem Weg zum Auto rief sie mir noch zu: »Geh mit den Kids eine Runde spazieren, dann in die Badewanne; gib dem Kleinen die Flasche und dann ab ins Bett.« Ich dachte mir nur *What the f***?! Wie soll ich das denn machen?* Ava und Xavier hatten natürlich noch keinen Respekt vor mir und tanzten mir auf der Nase herum, während der Hund beim Spaziergang verschwand. Drei Stunden später waren die Kids im Bett, ich schweißgebadet und der Hund hatte immer noch nicht genug. Nach einem Monat chaotischer Arbeitsweise, wenig Verdienst und null Privatsphäre, beschloss ich, mir einen neuen Job zu suchen.

Gesagt, Getan. Ein paar Tage später hatte ich an der Gold Coast ein Vorstellungsgespräch und kurz darauf die Zusage. Mein neuer Job bestand darin, mit einem 3,5 Tonnen Foodtruck Baustellen abzufahren und Essen an die Bauarbeiter zu verkaufen. Nun war ich ein sogenanntes »Smokogirl«. Die erste Woche war sehr hart für mich. Ich musste die komplette Strecke, die 50 Stopps umfasste, sowie die Preise und die komischen Namen für das Essen auswendig lernen. An den Stopps angekommen, musste ich mit den Kunden Smalltalk führen und im Kopf rechnen, was mir beides überhaupt nicht liegt. Die ersten Tage waren die Hölle, aber durch die Herausforderung bin ich über mich selbst hinausgewachsen. Mir hat es auf einmal Spaß gemacht, mit den Kunden Smalltalk in Englisch zu führen, wodurch mein Selbstbewusstsein gestärkt wurde. Die Kunden sind mir sehr ans Herz gewachsen und haben mir die Arbeit versüßt.

Diesen Job machte ich insgesamt sieben Monate; fünf Tage die Woche, á neun Stunden. Das Gute daran war, dass ich gegen 6 Uhr morgens anfangen musste, so hatte ich schon früh Feierabend und konnte nach der Arbeit immer Surfen gehen. Das Vanlife ist toll, weil man in und mit der Natur lebt. Ich machte es mir zur Routine, nach der Arbeit zu surfen, an der Stranddusche zu duschen, zu essen und schon früh schlafen zu gehen, um fit für den nächsten Arbeitstag zu sein. Nach ein paar Wochen fiel mir auf, dass mir etwas fehlte – Freunde. Ab und zu lernte ich Leute kennen, die auch im Van lebten, aber das war immer nur was Flüchtiges, woraus keine Freundschaften entstanden. Also entschloss ich mich, ein Zimmer zu mieten, um Leute kennenzulernen. Ich fand ein Zimmer in einer WG. Meine Zimmernachbarin Bea (ausgesprochen wie Bier) und ich freundeten uns bereits am ersten Tag an. Außer uns wohnten noch fünf Brasilianer im Haus. Schnell habe ich festgestellt, dass meine Mitbewohner sehr herzliche Menschen sind, genau das wonach ich mich gesehnt hatte. Ich habe mich gleich mit allen so wohl und verbunden gefühlt. Wir haben viel gemeinsam unternommen, waren zusammen surfen, im Skatepark, am Strand und feiern. Es war toll und ich habe es genossen.

Einer meiner Mitbewohner zog irgendwann leider aus und dafür zog Rafael, ein Freund von Bea ein. Ich war anfangs nicht sehr begeistert davon, doch dann stellte ich fest, dass Rafa auch surfte und skatete. Eines nachmittags entschieden wir uns, zusammen an einem guten Surfspot namens Currumbin surfen zu gehen. Der Wind und die Strömung waren stärker als sonst. Er war noch nie an diesem Spot surfen gewesen, ich aber schon. Also erzählte ich ihm, wo wir am besten reinpaddeln sollten und er folgte mir einfach, was nicht die beste Idee war …

Neben dem Surfspot liegen einige Felsen im Wasser und ich entschied, von der anderen Seite rein zu paddeln, um die Felsen weiträumig zu umgehen. Wir waren die einzigen, die diesen Weg wählten und in der Mitte der Strecke wurde uns auch klar, warum. Die Wellen waren sehr groß und es war sehr anstrengend Richtung Line-up zu kommen. Ich schaute nach hinten und mein Adrenalinspiegel schoss nach oben, denn hinter uns waren plötzlich die Felsen. Die Strömung hatte uns viel zu schnell nach links getrieben. Darauf waren wir nicht vorbereitet. In dieser Sekunde schossen Panik und etliche Gedanken durch mich. Wir paddelten so schnell wir konnten, allerdings wussten wir nicht in welche Richtung. Ich versuchte einfach weg von den Felsen zu kommen, aber die Monsterwellen kamen und ich tauchte unter ihnen durch und merkte bei jedem Duckdive, welche Kraft die Wellen hatten. Mir wurde schnell klar, dass ich gegen die starke Strömung nicht ankommen würde. Rafa war nur noch etwa einen Meter vom Felsen entfernt und uns beiden stand die Panik ins Gesicht geschrieben. Als ich das nächste Mal zu Rafa schaute, war er auf dem Felsen und nicht mehr im Wasser. Er hatte es geschafft und es schien, als ob er unverletzt sei. Ich paddelte so schnell ich konnte, kam aber dennoch immer näher an die Felsen. Als ich erneut nach hinten sah war ich nur noch einen Meter vom Felsen entfernt. Ich schaute nach vorne und sah nur eine riesige Welle auf mich zukommen. Ich holte tief Luft, stieß mein Surfbrett von mir weg, schützte meinen Kopf und meinen Nacken mit den Armen, tauchte und ließ es auf mich zukommen. Ich spürte die kraftvolle Welle über mir und wie die Strömung mich mitriss. Dann spürte ich nur einen

Aufprall und wusste, dass es geschehen war. Ich tauchte auf und war direkt an der Felswand, die voller scharfer Muscheln war. Schmerz spürte ich noch keinen, da ich voll Adrenalin war. Die nächste Welle kam, ich musste versuchen, schneller zu sein als sie. Mein Surfbrett hing noch an mir und Rafa zog mich aus dem Wasser. Wir konnten beide kaum auf dem Felsen stehen, so sehr zitterten wir. Ich hatte Verletzungen am Rücken, meinem Hintern, einem Arm und einem Fuß. Mein Board war eigentlich überall kaputt, aber in diesem Moment war mir mein Surfbrett egal. Rafa hatte Glück gehabt, er hatte sich nur leicht an einem Finger verletzt.

Wir verarzteten uns gegenseitig und feierten abends, dass wir diesen Tag überlebt hatten. Dieses Abenteuer hat uns einander nähergebracht und Rafa und ich sind schließlich ein Paar geworden.

Um Geld zu sparen, zog ich irgendwann wieder in meinen Van und Rafa zog in das Hostel, in dem er arbeitete. Wir sahen uns trotzdem jeden Tag und verbrachten die Nächte zusammen. Wir verliebten uns ineinander und verbrachten viel Zeit zusammen.

Eines Abends waren wir auf einer Geburtstagsparty eingeladen. Die Party fand in der Nähe meiner Arbeit statt und ich entschied, mir zum Schlafen einen Parkplatz in der Nähe zu suchen. Ich fand einen Parkplatz an einem Fußballfeld, wo sogar Toiletten waren, was perfekt war, um mich morgens vor der Arbeit zu waschen. Mein Van war der einzige dort, daher war es ein bisschen gruselig. Trotzdem schlief ich schnell ein. Kurze Zeit später wurde ich von einer Stimme geweckt. Ich wusste, dass es nur ein Ranger sein konnte, und ich wusste auch, wie teuer der Strafzettel sein würde, wenn ich mich blicken ließe. Schweißgebadet versteckte ich mich unter der Decke. Obwohl alle Vorhänge zugezogen waren, hatte ich Angst, dass er mich sieht. Er leuchtete mit seiner Taschenlampe in den Van und rief, ich solle die Tür aufmachen. Aber ich war wie versteinert und voller Adrenalin. Er fing dann auch noch an, am Van zu rütteln. Ich war richtig sauer, weil ich bereits um 5 Uhr aufstehen musste, um pünktlich zur Arbeit zu kommen. Nach 15 Minuten fuhr er endlich fort. Jetzt wollte ich nicht mehr an diesem Ort schlafen, doch als ich von dem Platz runterfahren wollte, stellte ich fest, dass die Schranke geschlossen und mit einem Schloss verriegelt war. Jetzt war ich auch noch gefangen! Ich versuchte verzweifelt, das Schloss mit meiner Haarspange zu öffnen, aber Fehlanzeige. Einen anderen Weg mit dem Auto raus gab es nicht. Ich sah ganz viele Kängurus auf dem Feld nebenan – immerhin etwas Schönes in dieser Nacht. Ein Plan B musste her. Laut Google Maps waren es 5 km bis zur Arbeit. Das konnte ich auch mit dem Skateboard schaffen.

Nun hieß es für mich um 4.30 Uhr aufstehen. Der Wecker klingelte und ich fühlte mich, als ob ich keine einzige Minute geschlafen hätte. Mit der Zahnbürste auf dem Weg zum Waschbecken musste ich feststellen, dass auch die Toiletten verschlossen waren. Wie gemein! Ich wollte gerade mit dem Skateboard losfahren, als ein Auto auf den Parkplatz fuhr. Wie kam der denn rein? Ich sah die Aufschrift »Security« auf dem Auto. Oh nein … Zu spät, er hatte mich gesehen und nun musste ich mir schnell irgendwas einfallen lassen. Schließlich stand er vor mir und unerwartet entschuldigte er sich dafür, dass er mich letzte Nacht geweckt hatte. Spontan antwortete ich, dass ich die Nacht bei Freunden verbracht hätte und mein Auto gerade wieder abholen wollte, um zur Arbeit zu fahren. So eine bescheuerte Notlüge kann auch nur mir einfallen. Naja, es schien, als ob er mir glauben würde und wir stellten fest, dass er auch aus Deutschland kam und echt nett war. Schließlich ließ er mich raus und ich fuhr zur Arbeit.

Während meines Vanlifes haben sich meine Prioritäten geändert. Die Erlebnisse und Begegnungen mit Menschen sind die Dinge, die mich erfüllen und nachhaltig prägen. Konsum spielt für mich eine untergeordnete Rolle. Um meine Reisekasse schneller zu füllen, lebte ich noch sparsamer und half Rafa, neben meiner Arbeit, im Hostel die Räume zu putzen. Die Gäste hinterließen alles Mögliche in ihren Zimmern. Wir fanden Klamotten, Handtücher, Schuhe und sogar Essen. Die meisten Klamotten haben wir gespendet, einen Teil haben wir selbst genutzt und von dem Essen wurden wir oft satt. Am Anfang war es eine Überwindung an das liegengelassene Essen zu gehen, aber nach einer Weile wurde dies zur Normalität. Reisen bedeutet für mich, neue Erfahrungen und Erlebnisse zu sammeln, seine Grenzen kennenzulernen, diese zu überwinden, um dann neue zu setzen und offen für neue Dinge zu sein. Australien ist für mich das beste Land, um in einem Van zu wohnen, da überall Toiletten und Duschen mit kaltem Wasser vorhanden sind. Zwischenzeitlich fragte ich mich sogar, inwieweit sich mein damaliger Lifestyle von dem einer Obdachlosen unterschied. War ich jetzt eine Pennerin, nur weil ich auf der Straße lebte und Essensreste aß? Ich habe viele Leute kennengelernt, die auch im Van lebten, ob alt oder jung, alles war dabei. Ich liebte es, mit ihnen Erfahrungen und Erlebnisse auszutauschen. Ich lernte Leute kennen, die alles aufgegeben hatten und in einen Van zogen, um dort zu leben. Auch waren Leute dabei, die irgendwie zu meinen Freunden geworden sind, die ich vorher niemals angeschaut hätte. Damals in Deutschland hätte ich wohl Angst vor ihnen gehabt, aber jetzt fühlte ich mich mit ihnen verbunden.

Ich lebte nur etwa einen Monat auf diese Art, aber aus dieser Zeit habe ich viel gelernt. Jeder Mensch hat Hintergründe und eine interessante Story zu erzählen. Man sollte einfach mal offener sein und hinter die Vorhänge schauen, ohne Vorurteile zu haben. Manche Begegnungen muss man geschehen lassen. Ein für mich entscheidender Satz, der mich schon viele Jahre begleitet, lautet: »Sei nur 20 Sekunden lang mutig und es wird etwas Wunderbares geschehen.«

Nachdem meine Reisekasse endlich wieder ausreichend gefüllt war, beschloss ich den Travel-Part von meinem Work-and-Travel-Jahr anzugehen. Nach der ganzen Arbeit wollte ich auch endlich etwas vom Land sehen und zog mit Rafa los Richtung Norden. Rafa hatte vier Wochen Urlaub und wir nutzten jeden Tag, um etwas Neues zu entdecken. Insgesamt reisten wir 6000 km. Einmal bis nach Cairns und wieder zurück. Das war ein toller Trip, der uns näher zusammenbrachte.

Als wir wieder an der Gold Coast waren, haben wir immer mal wieder einen Surftrip gemacht. Rafa hatte leider nur die Wochenenden frei und wir nutzten diese Zeit, um die Freiheit zu spüren. Schlafen zu können wo man will, ist pure Freiheit. Wir schliefen an den besten Surfspots, wachten auf, machten die Seitentür auf und sahen das Meer, den weiten Ozean, die Wellen. Wir spürten die Luft, die um uns herumschwirrte. Rafa ist kurze Zeit später nach Brasilien zu seiner Familie geflogen. Aber wir werden uns bald wiedersehen. Meine Mama kam mich in meinem letzten Monat in Australien besuchen. Ich konnte ihr den Lifestyle und das Vanlife hautnah zeigen und sie war begeistert davon. Sie liebte es. Da sieht man, dass wir Mutter und Tochter sind. Es war eine sehr tolle Zeit mit meiner Mum.

Keinen interessierte es, wie ich gerade rumlief, ob meine Haare frisch gewaschen waren oder ich geschminkt war. Das habe ich in diesem Jahr richtig ausgenutzt. Barfuß rumlaufen fand ich besonders toll. Man spürt mehr von der Welt. Barfuß in die Supermärkte rein, ohne blöd angeschaut zu werden, werde ich so vermissen. Ich war wohl die letzten Jahre immer auf der Suche nach meinem ICH und jetzt habe ich es gefunden. Ich habe meinen Lifestyle gefunden, der mich glücklich macht. In dieser Zeit habe ich so viel über mich selbst gelernt. Was ist wichtig im Leben? Wie viel brauche ich, um glücklich zu sein? Das sind Fragen, über die ich mir viele Gedanken gemacht habe. Vanlife ist ein Lifestyle, bei dem man Vollzeit im Van lebt und das Beste daran ist, dass es noch nicht mal schwierig ist. Man muss manchmal einfach ein wenig mutig sein, um sich in etwas Unbekanntes zu stürzen. Es war immer mein Traum, ein Jahr lang in einem VW-Bus zu leben und den habe ich mir erfüllen können. Dank Menschen, die mich immer unterstützt haben und dank meiner Jobs, durch die ich ausreichend Geld verdienen konnte, um meinem Bruder seins wiedergeben zu können und noch etwas für mich zu haben. Eigentlich sollte es mein Reisegeld sein, weil ich noch lange nicht fertig bin mit Reisen, aber es ist ein kleines Wunder passiert, wofür ich dieses Geld nun brauchen werde. Dieses Wunder wächst in mir und wird im August in diese tolle Welt treten.

Nun beginnt ein neues Abenteuer für Rafa und mich, nämlich das Abenteuer »Familie«. Aber wir beide wissen jetzt schon, dass wir nicht aufhören werden zu reisen.

Ich liebe Abenteuer und freue mich schon riesig auf das nächste!

## //Drei Fragen zum Schluss

**Wie geht es dir jetzt als werdende Mama, was hält die Zukunft für euch bereit?**
Ich fühle mich als der glücklichste Mensch der Welt. Jede Bewegung des Babys in meinem Bauch ist ein besonderes Erlebnis und ich bin sehr froh, dass ich diese Erfahrung machen darf. Ich freue mich schon sehr auf das nächste Abenteuer mit meiner kleinen Familie und bin sehr gespannt, wie es wird, mit einem Kind auf Reisen zu sein. Denn für uns steht fest, dass wir so schnell wie möglich wieder aufbrechen und unserem Sohn zeigen wollen, was die Welt zu bieten hat.

**Bei welchen Erkenntnissen von deiner Reise wünschst du dir, dass du sie dein Leben lang beibehältst?**
Es gibt so viele Dinge, die ich auf meiner Reise lernen durfte, wofür ich sehr dankbar bin. Denn nun weiß ich, was mir wichtig im Leben ist. Ich brauche nicht viele materielle Dinge, um glücklich zu sein. Ein Backpack an Dingen reicht aus, um ein paar Jahre die Welt zu bereisen und in dieser Zeit so viele Dinge erleben zu können. Die Erlebnisse sind so viel mehr wert als Gegenstände. Ich brauche kein Haus, kein tolles Auto und keine Markenprodukte. Für mich reichen die einfachen Dinge und ich liebe es, minimalistisch zu leben, denn so ist das Leben weniger anstrengend. Auch habe ich gelernt, dass man einfach mutig sein sollte, um sich auf Neues einlassen zu können, um neue Menschen kennenlernen zu können, neue Hobbies zu entdecken und dabei so viele Erfahrungen wie möglich zu sammeln. Man braucht keinen perfekt ausgebauten Plan, um sich ins Unbekannte zu stürzen. Manchmal reicht es einfach aus, sich ins Flugzeug zu setzen und zu schauen was passiert. Genau so habe ich es gemacht und habe Großartiges erlebt.

Ich habe einen anderen Blickwinkel auf die Dinge bekommen, wie beispielsweise auf Obdachlose. Ich schaue sie nicht mehr schräg an, sondern mit Verständnis und Respekt, denn jeder von ihnen hat bestimmt eine Geschichte zu erzählen, woraus wir alle lernen könnten. Ich wünsche mir, dass ich die Liebe zu all den Menschen, die immer für mich da sind, nie verlieren werde und von allen Erfahrungen, die ich gesammelt habe, ein Leben lang lernen kann, und meine Liebe und das Glücklichsein nie verliere, denn das hat mich oft weitergebracht.

**Was war das Mutigste, das du auf deiner Reise getan hast?**

Das Mutigste was ich bis jetzt getan habe, war wohl, meine Ängste zu überwinden. Ob mit Höhenangst aus dem Flieger zu springen oder mit einer Spinnenphobie eine Vogelspinne auf dem Körper zu haben. Doch auch jede Welle, die ich surfe, erfordert immer wieder neuen Mut.

## //Über die Autorin

Mein Name ist Nastasia Bendel, aber alle nennen mich Nasti. Ich bin 31 Jahre jung und komme aus Köln. Gearbeitet habe ich acht Jahre lang als Erzieherin und nebenbei fünf Jahre als Übungsleiterin. Seit 2011 backpacke ich immer mal wieder um die Welt und habe schnell gemerkt, dass das Reisen sowie das Surfen meine Leidenschaften geworden sind. Ich habe außerhalb Europas 24 Länder mit meinem Backpack bereist. Mein letzter Kontinent, der mir noch auf meiner Bucketlist fehlte, war Australien, den ich nun abhaken kann.

Wenn ihr mehr von mir und meinen Abenteuern erfahren wollt, folgt mir auf Instagram:

»Ohne Plan um die Welt«

# Von Einsamkeit, gefrorenen Zehen und erreichten Zielen

*VON DOMINIK KRAUSE*

*»Die gefährlichste aller Weltanschauungen ist die Weltanschauung der Leute, welche die Welt nicht angeschaut haben.«*
*– Alexander von Humboldt*

Die ersten paar hundert Kilometer fallen mir nicht so schwer. Zum einen hat sich mein Bruder Pascal entschieden, mich bis nach Kopenhagen zu begleiten, zum anderen kenne ich die Gegend hier schon sehr gut. Ich bin schon etliche Male nach Hamburg gefahren, für einen oder ein paar Tage. Alles, was hinter Hamburg auf mich wartet, wird spannender. So bringe ich also die Strecke bis an die deutsch-dänische Grenze ohne viel Emotionen und mit vielen Wetterwechseln hinter mich und fahre nach Dänemark. Das erste Land meiner Reise. Wenn ich ganz ehrlich sein soll, ist es für mich mehr oder weniger nur ein Durchfahrtsland. Ich reise ein, verbringe einen Tag mit Pascal in Kopenhagen und werde am darauffolgenden Tag über die Öresundbrücke nach Schweden fahren.

Der ursprüngliche Plan sah vor, dass Pascal und ich gemeinsam durch Europa reisen sollten. Für ein Jahr, vielleicht auch für mehrere Jahre – da waren wir nicht festgelegt. Drei Jahre haben wir unsere Reise geplant. Wir haben uns beigebracht Videos zu schneiden, denn wir wollten die Reise gerne auf YouTube dokumentieren. Langfristig wollten wir sogar davon leben: zu reisen und darüber zu berichten, auf YouTube und Social Media. Nach langem Suchen hatten wir auch irgendwann das geeignete Gefährt, einen Defender, gefunden und haben diesen für unsere Zwecke umgebaut. Im Januar 2019 sollte es dann endlich losgehen, alles war bereit. Doch kurz vor der Abreise erhielt Pascal ein unwiderstehliches Jobangebot und war raus. Was nun? Die Reise abblasen? Ich beschloss schließlich, allein loszuziehen. Es hat noch ein paar Wochen gedauert, aber jetzt bin ich endlich unterwegs und zumindest auf der ersten Etappe ist Pascal dabei.

Kopenhagen gefällt uns beiden recht gut, obwohl ein Tag für diese Stadt eigentlich nicht ausreicht. Am Abend bringe ich meinen kleinen Bruder zum Flughafen und fahre zu meinem Stellplatz zurück. Jetzt bin ich wirklich ganz allein!

Ich mache mich also auf den Weg nach Schweden. Kurz

noch einmal volltanken und auf gehts von Kopenhagen nach Malmö. Dank einer App auf dem Handy habe ich mir im Vorfeld schon einige Parkplätze rausgesucht, die außerhalb der Stadt und kostenfrei sind. Geparkt, Kameraequipment zusammengesucht und auf geht es nach Malmö. Auf den zwei Kilometern, die ich zurücklegen muss, fällt mir schon recht schnell auf, dass ich viel zu schnell unterwegs bin. Im Moment nur auf meinem Weg in die Stadt, später wird mir bewusst, die ersten Wochen meiner Reise habe ich mich viel zu sehr gehetzt.

Nach zwei Stunden Aufenthalt in der Stadt mache ich mich auf den Rückweg zum Auto, irgendwie hat es zwischen Malmö und mir nicht gefunkt. Vielleicht ist es nicht meine Stadt. Vielleicht sind Städte allgemein nicht so mein Ding. Vielleicht holt mich jetzt schon die Einsamkeit ein und ich vermisse es, Dinge zu teilen, positiv wie negativ. Ich kann es nicht genau sagen. Für heute habe ich genug von der Stadt und fahre ein paar Kilometer weiter zu einem Platz, der mir von Freunden aus dem Vanlife empfohlen wurde. Ein schöner Parkplatz, direkt am Meer und sogar mit einem Toilettenhäuschen. Leider ist es Januar und die meisten Einrichtungen haben nur im Sommer geöffnet, so auch dieses Häuschen. Macht nichts, in meiner neu gewonnenen Freiheit muss ich mich darauf einstellen, mit solchen Situationen klarzukommen, ist ja auch keine große Sache. Frohen Mutes verbringe ich einen schönen Abend und mache mir sogar noch ein Lagerfeuer, um mich richtig auf mein Abenteuer einzustimmen. Das klappt auch wirklich gut und nach drei Gin Tonics und einer Dose Linseneintopf lege ich mich schlafen, morgen gehts ja weiter!

So vergehen die nächsten 14 Tage wie im Flug. Ich fahre von Stellplatz zu Stellplatz, gönne mir zwischendurch einmal einen Campingplatz, um meine Batterien aufzuladen und mich mal wieder ausgiebig zu duschen. Auch das ist eine Sache, die mir vor meiner Reise natürlich bewusst war, aber irgendwie auch nicht so ganz. Im Sommer ist es ja auch kein Problem mit einem Kanister auf dem Dach und einem Gartenschlauch zu duschen, im Februar bei höchstens -10 Grad Außentemperatur gestaltet sich das Ganze schon schwieriger.

Mittlerweile bin ich in Stockholm angekommen und habe einen wunderbaren Parkplatz gefunden, der nur 15 Minuten zu Fuß entfernt ist. Ich nutze die Chance und werde mir einen Teil der historischen Altstadt schonmal am Abend angucken. Naja, was man so Abend nennt. Wir haben gerade einmal 16:30 Uhr, zu dieser Jahreszeit ist es aber schon so dunkel, als wäre es mitten in der Nacht.

Am nächsten Morgen begrüßt mich Stockholm mit einem unbeschreiblich schönen Sonnenaufgang. Ich merke sofort: das wird mein Tag! Bei immer noch -10 Grad, aber strahlendem Sonnenschein, setze ich mich in Bewegung und arbeite mich systematisch durch die Stadt. Ich kann mein Glück kaum fassen, die Stadt ist sehr schön und dann noch dieses Traumwetter! Bis der Wetterumschwung kommt ... Zuerst lasse ich mich davon wenig beeindrucken, aber irgendwann schlägt es wohl jedem aufs Gemüt, wenn man mit Sonne gelockt wird und das Wetter zu einem Chaos aus Schnee und Wind wird. An diesem Punkt glaube ich zum ersten Mal, dass meine Reise hier und jetzt vorbei ist. Ich habe keine Lust mehr. Vor ein paar Stunden habe ich noch gedacht, ich hätte mich ans Alleinsein gewöhnt, aber dem ist nicht so, ich habe mich selbst belogen. Es nervt, allein zu sein. Ständig muss ich zum Smartphone greifen, um mich mitzuteilen. Nie kann ich einfach neben mich gucken und sehe eine mehr oder weniger vertraute Person und kann mich direkt mit dieser austauschen. Ich bin völlig auf mich allein gestellt und genau hier und jetzt, mitten in einem Stockholmer Einkaufszentrum, reicht es mir. Ich habe keine Lust mehr, allein zu sein.

Aber wie soll ich das denn jetzt angehen? Fahr ich einfach zurück? Fahr ich unglücklich weiter? Schon wieder eine Situation, die ich allein mit mir ausmachen muss. Ich mache also das, was ich immer gemacht habe in den letzten Wochen, ich greife zum Handy und teile es auf Social Media. Diesmal erzähle ich nicht wie toll alles ist und wie glücklich ich bin. Ich erzähle den Menschen da draußen, dass es mir nicht gut geht mit der Situation. Dass ich einen Tiefpunkt erreicht habe, den ich eigentlich nie erreichen wollte. Und verdammt nochmal, das war das Beste was ich machen konnte. So viele liebe und nette Nachrichten prasseln auf mich ein, dass ich nicht weiß, wie mir geschieht. Diese virtuellen Personen, von denen ich gerade noch dachte, dass sie mir nicht das geben könnten, was eine reale Person direkt neben mir kann, haben mir neuen Mut gegeben. Mir gezeigt, dass ich bei Weitem nicht allein unterwegs bin. Natürlich ändert es an der Tatsache nichts, dass ich immer noch allein im Auto sitze, aber mit viel mehr Rückhalt. Danke an die ganze Community!

Also weiter im Text, ich habe noch vieles vor. Schweden lasse ich, mitsamt meiner trüben Gedanken, hinter mir und fahre nach Finnland. Auf meiner Überfahrt von Schweden nach Finnland frage ich mich, was ich überhaupt von dem Land weiß. Da wäre zum einen Turku – da werden Schiffe gebaut. Helsinki, Hauptstadt. Sonst gibt es da Schnee und Eis und ganz viele wild umherlaufende Tiere. Ein super Start in ein neues Land. Dazu sei gesagt, dass ich eine grobe Reiseroute vor dem ganzen Abenteuer geplant habe. Ich wusste, ich möchte nach Schweden, Finnland und Norwegen. Ein paar schöne Ecken habe ich mir rausgesucht, aber mehr auch nicht. So beginnt mein Finnland-Abenteuer damit, dass ich mich auf die Suche nach einem R-Kiosk mache. Da soll es eine günstige SIM-Karte geben, mit der ich unlimitiertes Internet genießen kann. Der nächste Kiosk ist nur ca. 800 Meter von meinem heutigen Schlafplatz entfernt und ich befinde mich in einem Land, was laut Reiseführern und anderen Reisenden sehr fortschrittlich ist. So stiefel ich in den Shop und versuche im besten Schulenglisch der Dame hinter der Theke klarzumachen, dass ich diese eine spezielle SIM-Karte haben möchte, von der ich nicht genau weiß, wie sie heißt. Da kommt wieder meine perfekte Planung zum Vorschein. Leider stellt sich nach einigen Sekunden heraus, dass die Gute nur finnisch spricht. Okay, ich schaff das. Wie gerufen kommt eine Mutter mit ihrer Teenager Tochter zur Tür herein und ich wittere meine Chance. Ich quatschte die beiden an, doch sie sehen mich nur fragend an und antworten irgendwas auf Finnisch. Ehrlich? Ich weiß ja, dass ich in Finnland bin und ich als doofer Touri auch mal ein paar Brocken Finnisch lernen sollte, aber dass mich hier keiner versteht, find ich echt nicht so toll.

Entmutigt verlasse ich also den Kiosk und habe schon den nächsten bei Google ausfindig gemacht, da stolpert mir Mika vor die Füße. Mika kommt aus der Bar nebenan und hat sich wohl das ein oder andere Feierabendbier genehmigt. Ich habe ja sowieso nichts mehr zu verlieren, also quatsche ich auch ihn an.

»Sorry, do you speak english?«

»Yes, a little bit!«

Das war die Antwort, die ich hören wollte. Ich schildere Mika mein Problem, er kommt mit mir in den Kiosk und keine fünf Minuten später stehen er und ich wieder draußen auf dem Bürgersteig, ich mit meiner neuen SIM-Karte in der Hand! Mika fragt mich noch, was ich denn hier mache und ich antworte ihm, dass ich mit meinem Landrover Defender durch Finnland fahre. Das erstaunt ihn ein wenig. Es ist Winter und ich bin allein unterwegs. Ob ich denn Freunde besuchen würde. Ich erkläre ihm, dass ich niemanden hier oben kenne und auf einem Trip durch komplett Europa bin. Da fängt Mika an zu lächeln und sagt: »Dominik, my name is Mika. Now I am your finish friend.«

Völlig geplättet von seiner Antwort gehe ich zurück zum Defender und verbringe den Abend damit, meine SIM-Karte zu aktivieren und mir erstmal einen Film anzuschauen. Das war ein wirklich gelungener Einstieg in dieses tolle Land. Auch stelle ich fest, dass ich eigentlich niemanden benötige, der meine Sprache spricht, um mich ein wenig auszutauschen. Da muss ich erst bis nach Finnland fahren, um das zu merken.

Nachdem ich von Turku nach Helsinki gefahren und auch dort wieder durch die Städte geirrt bin, reicht es mir langsam. Neue Städte zu erkunden ist gut und schön, aber ich will raus in die Natur. Davon soll es hier in Finnland ja reichlich geben.

Ein Platz ist schöner als der andere. Die einen näher an Straßen und öffentlichen Parkplätzen, die anderen in völliger Einsamkeit. Ich fange an, es zu genießen, mich mit keinem absprechen zu müssen und mein Tempo selber wählen zu können. Dass es nicht immer das richtige Tempo ist, das soll ich wohl noch lernen. So mache ich mich täglich auf den Weg von Stellplatz zu Stellplatz. Mal erwische ich einen richtig schönen Platz, mal einen Platz, der nur okay ist. Mal sind auch Plätze dabei, die überhaupt nicht befahrbar sind, denn, man mag es kaum glauben, es ist Winter und überall wo normalerweise Straßen und Waldwege sind, liegt jetzt Schnee. Es gibt also auch Tage, an denen ich nur fahre, um einen geeigneten Stellplatz zu finden. SO hatte ich mir das nicht vorgestellt, aber so ist es dann jetzt.

Nach knapp einer Woche Finnland beschließe ich, dass es mal wieder an der Zeit ist, meinen Mitmenschen etwas Gutes zu tun und mich zu duschen. Ich suche mir also einen schönen Campingplatz in Voukatti, einem bekannten Skigebiet Finnlands raus und steuere ihn zielstrebig an. Alles Waschen im Defender oder auf irgendwelchen Rastplätzen hin oder her, eine Dusche ist durch nichts zu ersetzen. Fröhlich und frisch nach dieser Wohltat lege ich mich bei aktuell -20 Grad in mein Dachzelt, mache die Standheizung an und verbringe eine ruhige und entspannte Nacht, direkt am Ausläufer der Piste, die ich morgen befahren werde.

Der Tag auf dem Snowboard ist genau das, was ich jetzt

brauche. Den ganzen Tag habe ich den Kopf ausgeschaltet und genieße einfach nur. Mittags gehe ich zum Auto zurück und mache mir eine Suppe, um mich ein bisschen aufzuwärmen und zu stärken und gehe danach noch einmal auf die Piste, zum Snowboarden im Dunkeln. Auch eine völlig neue und tolle Erfahrung für mich. Wie bei allem heißt es dann Abschied nehmen und so mach ich mich auf den Weg immer weiter Richtung Norden. Meine Stimmung ist wirklich gut, nicht zuletzt da ich weiß, dass ich in einigen Tagen Besuch von einer Freundin bekommen werde, die zufällig mit einem Interrail Ticket durch Schweden und Norwegen fährt. Kurzerhand hat sie sich entschieden, ein paar Tage mit mir zu fahren. So verbringe ich also noch die letzten Tage meiner Einsamkeit am Botnischen Meerbusen, an der Grenze zu Schweden, bevor ich dann für die nächsten sechs Tage nicht mehr allein bin.

Ein kurzer Stopp in Luleå, in Schweden, und zurück geht es nach Finnland. Ein weiteres Highlight wartet auf uns: das Weihnachtsmanndorf in Rovaniemi. Ich weiß, dass es sehr touristisch ist, aber wir sind ja eh hier. So statten wir also dem Weihnachtsmann einen Besuch ab und überqueren dann auch noch den Polarkreis. Auch wenn es nur eine Linie ist, es fühlt sich trotzdem besonders an.

Voll von Euphorie und neuem Abenteuerdrang ist der nächste Stellplatz schnell gefunden. Ein Waldweg soll es sein, direkt an einem Fluss. Heute soll es eine sternenklare Nacht geben und wir sind über dem Polarkreis. Die Chancen auf Nordlichter stehen also so gut wie noch nie auf dieser Reise. Nach zwei Stunden vergeblichem Suchen nach den grünen Flecken am Himmel geben wir es dann aber auf und legen uns ins vorgewärmte Dachzelt. Morgen ist ja auch noch ein Tag …

Die Sonne lacht und es ist bitterkalt. Laut der Wetterapp gestern sollten es doch heute nur -18 Grad sein, warum zeigt das Thermometer dann -27 Grad an? Schnell das Dachzelt zusammenklappen und losfahren, im Auto wird es ja schnell warm mit der Heizung. Mit halb erfrorenen Fingern versuche ich den Motor zu starten, doch es tut sich nichts. Oh nein, die Batterie ist leer. Der war es wohl zu kalt. Zum Glück habe ich noch eine zweite an Board und verbinde sie schnell mit der Starterbatterie. Doch wieder gibt das Auto keinen Mucks von sich. Das ist der Moment, den ich nie erleben wollte: Ich stehe mitten im Nirgendwo, mein Auto hat keinen Saft mehr und ich habe null Ahnung, was ich tun soll. Warum? Warum passiert mir das?

Ganz einfach, heute Nacht waren es nicht -18 Grad, wie meine tolle Wetterapp meinte, sondern -35 Grad, wie ich erfahre. Nachdem ich mich wieder gefangen habe, laufe ich zur Straße und halte einfach ein Auto an. Die zwei Insassen waren zwar auf dem Weg zur Arbeit, springen aber sofort raus, um mir zu helfen. Sie versuchen, mir Starthilfe zu geben, doch Pustekuchen. Es passiert gar nichts. Doch aufgeben kommt für die zwei Finnen nicht infrage. Mehr als zwei Stunden stehen sie mit mir bei -27 Grad draußen und versuchen alles, um mein Auto wieder ans Laufen zu bekommen. Doch irgendwann haben auch sie keine Idee mehr, was man noch tun könnte. Wir einigen uns darauf, dass wir noch zwei letzte Versuche unternehmen und dann geben wir auf und rufen einen Abschleppwagen. Der erste Versuch bleibt erfolglos, doch wie durch ein Wunder springt beim letzten verzweifelten Versuch der Motor an und beglückt mich mit dem gewohnten lauten Tackern und dem leisen Rascheln. Meine Freude kann ich kaum in Worte fassen. Wir klatschen uns ab und fallen uns in die Arme, als würden wir uns schon ewig kennen. Ich krame in meiner Tasche und hole 100€ hervor, 50€ für jeden. Das ist ja wohl das Mindeste, denke ich mir. Doch die beiden lächeln nur und geben mir zu verstehen, dass sie mein Geld nicht wollen. Sie haben das gerne gemacht und sind froh, dass sie mir helfen konnten und ich jetzt weiterfahren kann. Für sowas nimmt man hier oben kein Geld, das ist selbstverständlich.

Schon wieder bin ich überwältigt von der selbstverständlichen Freundlichkeit, die ich hier erfahre.

Da ich immer noch taube Zehen habe und auch die Heizung im Defender nichts zu deren Rettung beiträgt, beschließen meine Begleiterin und ich, dass wir die nächsten zwei Nächte auf einem Campingplatz verbringen. Die Kälte hat uns mürbe gemacht. Wir steuern einen Campingplatz an und sind froh, dass wir einen finden, der auf dem Weg Richtung Norden liegt und bezahlbar ist. Leider sieht er recht dunkel und verlassen aus. Wir gehen dennoch zum Haupthaus, klopfen und öffnen die Tür. Wir werden von einem verwunderten Blick empfangen und mit den Worten begrüßt: »Das Restaurant ist geschlossen!« Wir machen ihm klar, dass wir das Restaurant nicht brauchen, sondern nur einen Platz mit Strom und eine heiße Dusche. Der Blick des kleinen verwirrten Mannes hellt sich auf und er zeigt uns ganz entspannt den kleinen Platz, wo wir uns hinstellen können und sagt uns noch, dass er jetzt ein Waschhaus freischaufelt, damit wir es benutzen können. Eigentlich sei der Platz noch zu, aber wenn wir gerade hier sind, dann macht er ihn für uns auf. Dass ich auch das kaum glauben kann, kann man sich wohl denken.

So verbringen wir zwei Nächte auf diesem kleinen Platz und tanken neue Energie für das, was noch kommt. Wir treffen noch zwei weitere Reisende, die genau das gleiche Problem mit ihrem Defender hatten wie wir. Er ging einfach nicht mehr an. Nach ein paar Gesprächen mit Freunden in der Heimat haben wir auch den Fehler gefunden: Der Motor war eingefroren. Es war nicht die Batterie. Es war ganz einfach viel zu kalt für den Motor. Es macht schon Sinn, dass die Menschen hier oben eine Motorheizung haben und ihr Auto entweder an den Strom anschließen oder über Nacht laufen lassen … Doch es soll wärmer werden und tatsächlich verbringen wir die nächsten Tage in Finnland bei angenehmen -15 bis +3 Grad. Ich habe genug von den extremen Minustemperaturen. Bevor ich losgefahren bin, hatte ich mir gewünscht, dass es mal so richtig kalt wird. -30 Grad durfte es schon werden. Nachdem ich die Erfahrung gemacht habe muss ich sagen: Danke, es reicht mir!

Von Finnland führt mich meine Reise dann rüber in das, so sagte man mir, wildere Norwegen. In Finnland ist es sehr flach und eher eintönig, was die Umgebung im Winter angeht. Nicht langweilig, aber eintönig. In Norwegen werde ich dann auch meine Begleiterin am Flughafen absetzten, aber nicht allein weiterreisen. Pascal kommt mich besuchen. Er möchte sich eine Station der Reise nicht entgehen lassen: das Nordkapp. So setze ich also Person eins in Alta am Flughafen ab und sammle Person zwei direkt wieder ein, um die letzten Kilometer zum Nordkapp, dem nördlichsten Punkt Europas und meiner Reise, zurückzulegen.

Pascals Flieger verspätet sich wegen einer Bombendrohung um fünf Stunden und weil es schon so spät ist, steuern wir direkt unseren Stellplatz an. Pascal ist überrascht, dass man bei -15 Grad trotzdem das Wasser rauschen hören kann. Am nächsten Morgen geht es in der Früh los und wir haben uns Honningvåg als Ziel ausgesucht, von da aus wollen wir dann zu unserem Nordkapp-Abenteuer starten. Kaum auf der kleinen Insel Mageroya angekommen, schlägt das Wetter von einer auf die andere Sekunde um und wir haben eine Sichtweite von nicht mal mehr zehn Metern. Ein Weiterfahren ist nicht möglich und so versuchen wir einen Platz für die Nacht zu finden, der ein bisschen windgeschützt ist. Mit ein bisschen Überredungskunst dürfen wir unser Zelt hinter einem Tankstellengebäude aufschlagen und so zumindest ein bisschen windgeschützt stehen. Hoffentlich ist es morgen besser!

So ist es auch. Die Sonne schafft es zwar noch nicht durch die Wolken, aber ich bin zuversichtlich, dass sie noch kommt. Wir packen unsere sieben Sachen und befreien das Zelt von dem Schnee, der heute Nacht gefallen ist oder vielleicht auch nur durch den Sturm auf uns geweht wurde.

Die Straße zum Nordkapp liegt vor uns. Da es in der Vergangenheit im Winter viele Lawinen und Erdrutsche gegeben hat, dürfen wir die letzten Kilometer aus Sicherheitsgründen nur in der Kolonne befahren. Und da ist es: Das Nordkappbesucherzentrum mit der charakteristischen Weltkugel, die wohl jeder kennt. Es ist ja nur eine Kugel, hatte ich gedacht, als ich aber dann vor ihr stehe, ist es ein überwältigendes Gefühl. Einiges ist auf dieser Reise schon passiert. Gutes wie Schlechtes. Jetzt hier oben zu stehen, zu Filmen, mit jemandem zusammen zu lachen, auf die Natur zu gucken und zu sehen, welche Faszination sie auslöst, ist überwältigend. Da hat sich alles, was ich auf mich genommen habe, gelohnt!

Wir setzen uns wieder ins Auto und lassen die letzten Tage Revue passieren. Dann wird mir eins bewusst …

Ab jetzt geht es immer nur noch Richtung Süden!

## //Drei Fragen zum Schluss

**Hast du lange überlegt, ob du die Reise allein antrittst oder war das für dich sehr schnell klar?**
Nein, habe ich nicht. Es blieb mir ehrlich gesagt auch nicht viel Zeit, lange zu überlegen. Pascals Angebot kam sehr spät im Jahr und mir blieb eigentlich nur eine Woche, um danach noch genug Zeit für die Vorbereitungen zu haben!

**Es ist ja sehr ungewöhnlich so ein Projekt im Winter im Norden zu starten. Wie kam es dazu und würdest du es anderen empfehlen?**
Das stimmt. Genau das ist aber auch der Grund, warum ich es so gemacht habe. Ich wollte den Winter entdecken, den ich von Fotos oder Videos kannte. Ich hab ihn gefunden! Ich würde es genauso wieder machen. Vielleicht aber nicht mehr allein ...

**Was versprichst du dir vom Süden und auf welche Länder dürfen wir uns auf deiner Reise noch freuen?**
Ich verspreche mir viel Sonne und den ein oder anderen Sonnenbrand! Es kommen noch Schottland, Irland, Frankreich, Spanien, Italien und je nachdem, wie lang das Jahr noch ist, vielleicht auch noch ein paar Länder in Südosteuropa.

## //Über den Autor

Ich bin Dominik und eine Hälfte der StepbyStep Traveller. Seit 2015 betreibe ich zusammen mit meinem Bruder Pascal den Blog und YouTube Kanal StepbyStep Traveller, auf dem wir unsere Reisen und Erlebnisse mit unserem Land Rover Defender »Zazu« dokumentieren. Vom Umbau über den ersten Roadtrip bis hin zur aktuell stattfindenden Reise könnt ihr verfolgen, was wir so treiben.

Wie ich mich allein schlage könnt ihr hier verfolgen:

www.stepbysteptraveller.de

# Vanlife mit Kind an der Algarve – Reisen, wohnen und arbeiten im VW-Bus

*VON ANJA HÄNISCH*

*»Das Leben ist zu kurz für irgendwann.«*

Es ist Anfang Januar. Unsere Wohnungsschlüssel haben wir eben abgegeben. Jetzt schließe ich die Tür unserer Lagerbox ab, in die ich gerade noch die letzten Sachen gepackt habe. Beim Schließen des Schlosses stellt sich ein Gefühl der Erleichterung, aber auch der Ungewissheit ein. Das Abenteuer kann beginnen! In den nächsten Monaten werde ich mit meinem 7-jährigen Sohn in unserem VW-Bus leben. Alles, von dem ich denke, dass wir es brauchen, ist irgendwie auf diesen 3m² verstaut. Der Rest ist in einer 8m² großen Containerbox. Es ist einerseits ein merkwürdiges Gefühl, zu wissen, dass da jetzt keine Wohnung mehr ist, in die man einfach fahren könnte. Andererseits ist es eine richtige Erleichterung, plötzlich frei von den meisten der materiellen Dinge zu sein. Ein Traum geht in Erfüllung! Ein Traum, von dem ich nie gedacht hätte, dass er sich so schnell erfüllen würde.

Unseren VW-Bus Paul haben wir seit mittlerweile drei Jahren. Seit der ersten Tour im Bulli bin ich infiziert mit dem Vanlife-Fieber. Im Bulli umherreisen bedeutet für mich Freiheit, Unabhängigkeit und unglaubliches Glück. Umso schlimmer war jedes Mal das Gefühl nach einem dreiwöchigen Roadtrip, mit Sonne, Meer und unendlich vielen wunderbaren Momenten, in den Alltagstrott zurückzufinden: morgens gegen sechs Uhr aufstehen, zur Arbeit pendeln, nachmittags nach Hause kommen, noch kurz das Familienleben unserer Mini-Familie genießen, schlafen gehen und am nächsten Tag alles von vorn. Nach Tagen der Freiheit und einem selbstbestimmten Leben im VW-Bus fühlte sich dieses berühmte Hamsterrad für mich immer besonders fürchterlich an.

Während dieser Zeit bin ich über sogenannte digitale Nomaden gestolpert. Arbeiten von überall auf der Welt – das einzige, was man benötigt, ist ein Laptop und Internet. Das wäre es doch! Für mich war diese Vorstellung traumhaft. Gleichzeitig allerdings so unglaublich weit weg von meiner Realität, dass ich jemandem, der mir gesagt hätte, dass ich wenige Monate später genau so leben könnte, für verrückt erklärt hätte! Irgendwann dachte ich mir aber zum Glück, ich probiere es einfach einmal aus und biete mein Wissen und meine Erfahrung im Bereich Social Media und Blogging als Virtuelle Assistentin auf Freelancer-Basis an. Ich war nun nebenberuflich also offiziell selbstständig. – Und es funktionierte! Wahnsinn! Es war tatsächlich möglich, mit Laptop und Internet Geld zu verdienen! Um es kurz zu machen: Wenige Monate später bat ich um Entlassung aus meinem Beamtenverhältnis und war unendlich glücklich, meine wertvolle Zeit zukünftig komplett selbst einteilen zu können. Als Alleinerziehende war das eine unglaubliche Entlastung und ein Gewinn an Lebensqualität. Der Plan zu diesem Zeitpunkt war es, zukünftig die Ferien noch viel mehr zum Reisen nutzen zu können, denn jetzt waren meine Urlaubstage schließlich nicht mehr beschränkt. Aber manchmal spielt das Schicksal einem mit Umständen, die zunächst einfach nur negativ erscheinen, in die Karten. Mich haben diese Umstände schließlich dazu bewogen, uns eine Auszeit von Deutschland zu gönnen und endlich einmal länger mit unserem VW-Bus Paul unterwegs zu sein. Arbeiten kann ich mittlerweile schließlich von überall und mein Sohn wird während dieser Zeit freilernen, was allerdings nur durch eine Abmeldung aus Deutschland möglich ist.

Und hier stehen wir nun. Hinter uns die Lagerbox, vor uns die Welt. Ein letzter Blick zurück. Noch einmal kurz überlegen, ob wir alles haben. Ja? Nein? Vielleicht ... – egal! Wir setzen uns in unseren Bulli und fahren mit leichtem Gepäck los.

Da es Januar ist, liegt unser Ziel natürlich im warmen Süden. An der Algarve in Portugal soll unser Vanlife-Abenteuer beginnen. Auf dem Weg dorthin fahren wir quer durch Frankreich und schlafen in der Nähe von Montpellier schon bald das erste Mal unter Palmen. In Spanien wird es dann immer wärmer. Da ich ein absoluter Sommermensch bin, bin ich einfach nur glücklich. Sonne und absolute Freiheit. Was soll einen da aufhalten? Wie sich herausstellt, gibt es da doch das ein oder andere ...

Am fünften Abend unserer Tour suche ich einen Übernachtungsplatz an der spanischen Küste. Da es schon dämmert, übersehe ich, dass die Einbuchtung, in die ich fahre, aus richtigem Schlick besteht. Als ich meinen Fehler bemerke, ist es allerdings schon zu spät. Es geht weder vor noch zurück. Festgefahren. Einmal durchatmen und die Lage begutachten. Wir stecken nicht tief fest, also versuche ich noch mit den herkömmlichen Tricks wieder herauszukommen. Vergeblich. Die Sonne geht gerade unter. Wir beschließen loszulaufen und zu schauen, ob wir vielleicht jemanden finden, der helfen kann. In einiger Entfernung treffen wir dann tatsächlich auf einen anderen Camper. Der kommt mit, schaut sich die Bescherung an und bietet dann an, uns herauszuziehen. Da es mittlerweile aber schon dunkel ist, beschließen wir, uns am nächsten Morgen wieder zu treffen. So schlafen wir also mitten im Matsch. Die Umgebung ist allerdings traumhaft schön!

Pünktlich um neun Uhr am nächsten Morgen sehen wir dann unser »Rettungs-Fahrzeug«. Nach einer halben Stunde stehen wir schließlich wieder auf festem Grund. Was für eine Erleichterung! Die Reise kann weitergehen. Wieder einmal haben wir festgestellt, wie wertvoll Hilfsbereitschaft ist und dass man auf diese wirklich überall treffen kann.

Und endlich liegt Portugal vor uns! Gleich hinter der Grenze steuere ich den ersten Strand an. Der Strand ist lang, ziemlich leer und wunderschön. Wie sich herausstellen wird, ist das wirklich nur der Anfang und die Algarve wird uns mit ihrer Schönheit, den langen Sandstränden, dem türkisblauen Meer und den wilden Klippen noch umhauen! Irgendwie fühle ich mich gleich zu Hause in Portugal. Es ist warm und die Menschen sind freundlich, fröhlich und entspannt. Da wir jede Menge Zeit haben, können wir gemütlich die Küste entlangfahren. Die Strände und Buchten, die wir entdecken, sind atemberaubend. Ein Ort ist schöner als der andere. Und auch die Sonnenuntergänge scheinen in Portugal besonders beeindruckend zu sein.

Ein paar Tage verbringen wir bei Tavira. Mein Sohn spielt mit anderen Kindern, baut Sandburgen und ist einfach nur zufrieden. Wir werden zum Sonnenaufgang wach und sobald die Sonne untergeht, ziehen wir uns in unseren Bus zurück. Denn tagsüber ist es zwar schon richtig schön warm, aber nach Sonnenuntergang wird es kühl. Anschließend geht es weiter Richtung Westen. An einem kleinen Meeresarm liegen bunte Fischerboote auf dem Trockenen, sobald die Flut kommt, schwimmen sie wieder fröhlich auf dem Wasser. Beeindruckend, diese Kraft der Natur! Wo, wenn nicht genau hier, könnte man als Kind anschaulicher lernen, was Ebbe und Flut wirklich bedeuten.

Unsere Übernachtungsplätze finden wir über die bekannten Apps, Google Maps oder durch Empfehlungen. Ich finde für die Jahreszeit sind erstaunlich viele Camper unterwegs. Viele Plätze sind wirklich voll. Die meisten reisen mit großen Wohnmobilen. Wer also denkt, Anfang des Jahres hat man an der Algarve seine Ruhe, den muss ich leider enttäuschen. Trotzdem ist es natürlich bei Weitem nicht so voll, wie im Sommer und wir finden auch immer wieder ruhige Plätze. Dabei kommt uns die Größe unseres VW-Busses zugute. Mit ihm kommt man einfach auch an Stellen, zu denen es ein großes Wohnmobil nicht unbedingt schafft. An solchen ruhigen Orten ist es besonders schön aufzuwachen. Der Blick aus dem Fenster, wenn die Sonne gerade erst den Tag beginnt, ist wirklich unbezahlbar. Wenn man dann hinaustritt, sich umschaut und die Natur in sich aufsaugt, ist das Glück perfekt.

Ab und zu darf es aber auch etwas städtisches Flair sein – zum Beispiel in Faro. Hier schlendern wir durch die verwinkelten

Gassen der Altstadt und staunen über die vielen Orangenbäume. Ein Mann möchte ein paar abpflücken, wird aber von einem anderen darauf aufmerksam gemacht, dass diese Orangen zwar hübsch aussehen, aber nicht besonders schmecken. Wieder was gelernt! Die Stadt, die viele wahrscheinlich hauptsächlich auf Grund ihres Flughafens kennen, hat auch einen kleinen Stadthafen. Hier liegen hübsche, weiße Boote gemütlich in der Sonne. Mit einem Eis in der Hand schauen wir zu, wie sie sanft hin und her schaukeln. Am Arco da Villa nutzen wir die Möglichkeit, unseren Blick von der Dachterrasse über die Altstadt schweifen zu lassen. In Faro sind außerdem unglaublich viele Störche, die ihre Nester überall in den Dächern haben. Zum Schlafen fahren wir dann aber wieder in die Natur.

Unser Weg führt uns Richtung Benagil. Rund um dieses Küstendorf der Gemeinde Lagoa gibt es besonders schöne Buchten. An einem kleinen, versteckten Strand trauen wir uns schließlich auch das allererste Mal komplett ins Wasser. Es ist eiskalt, aber die Kraft der Wellen zu spüren, ist ein tolles Gefühl. Anschließend wärmt uns die Sonne, die für Februar erstaunlich viel Kraft hat. In dieser Gegend lohnen sich lange Spaziergänge entlang der Küste. Hinter jeder Ecke wird man erneut von der puren Schönheit der Natur überrascht. Der Himmel ist strahlend blau, das Wasser glitzert und auf den Klippen sitzen Möwen und schauen scheinbar verträumt in die Ferne. Mal wieder kann ich mein Glück kaum fassen, genau jetzt an diesem Ort sein zu dürfen. Ganz in der Nähe befindet sich außerdem die berühmte Höhle von Benagil. Die riesige Felsenhöhle ist ein echtes Naturhighlight, das man mit einem Boot, per SUP oder sogar schwimmend erreicht. Eine weitere besonders beeindruckende Küstenlandschaft befindet sich bei Lagos. Die rötlich-braunen Klippen ragen aus dem Meer und bilden einen perfekten Kontrast zu dessen Farbe. Ab und zu schippert ein Boot um einen Felsen, der aus dem Wasser ragt. Die Farben sind an diesem Tag fast unnatürlich. Ich kann gar nicht aufhören zu staunen und Fotos zu machen. Als ich mir die Fotos später noch einmal anschaue, denke ich, dass mir wohl keiner, der nicht schon selbst dort war, glauben wird, dass diese Farben nicht mit Photoshop bearbeitet sind.

So geht es weiter die Küste entlang. Wir entdecken noch einige wundervolle Strände und Buchten. Schließlich kommen wir am Zipfel von Portugal, am Cabo de São Vicente, an. Ab Mitte März kann man hier die letzte Bratwurst vor Amerika genießen.

Von hier aus geht es weiter Richtung Norden. Der nächste Halt ist der Praia da Bordeira, ein wundervoll weitläufiger Sandstrand bei dem Örtchen Carrapateira. Hier lieben wir es, lange Spaziergänge zu machen. Der Strand scheint unendlich und ist zu dieser Jahreszeit fast menschenleer. In der Mitte thront eine Beach Bar, die Anfang des Jahres natürlich noch geschlossen hat. Unsere Füße stecken im Sand und ein leichter Wind weht uns um die Nasen. Mein Sohn liebt das Meer. Sobald sich die Möglichkeit bietet, stürmt er mit nackten Füßen ins Wasser. Es ist wunderbar, ihn so frei und unbeschwert umherspringen zu sehen. Unsere weitere Reise wird uns nun zunächst wieder Richtung Spanien nach Andalusien bringen, wo häufig auch im März schon Temperaturen um die 25 Grad herrschen. Portugals Norden heben wir uns für etwas wärmere Monate auf.

## Mein Büro: Die Welt

Aber habe ich nicht auch irgendetwas von arbeiten erzählt? Richtig! Wir machen nicht einfach einen langen Urlaub. Wir LEBEN momentan im VW-Bus und dazu gehört für mich eben auch arbeiten. Ich bin unter anderem als Social Media Managerin für unterschiedliche Kunden tätig. Die wichtigsten Utensilien, um meinem Job nachgehen zu können, sind mein Laptop, mein Smartphone, ein WLAN-Router und eine funktionierende SIM-Karte. Internet ist in Portugal recht günstig zu haben. Beispielsweise gibt es eine Flatrate mit unbegrenztem Datenvolumen für einen Euro am Tag. Auch die Qualität des Netzes ist in Portugal großartig. Selbst weit von Ortschaften entfernt, ist es in den allermeisten Fällen richtig gut. In Deutschland unvorstellbar. Da ich täglich mit meinem Laptop arbeite, benötige ich auch entsprechend viel Strom. Zum Glück lässt er sich über die 12V-Dosen in meinem Bulli laden. Um immer genug Strom zu haben, habe ich, neben einer eingebauten zweiten Batterie, die während des Fahrens geladen wird, ein faltbares Solarmodul. Problematisch wird es also nur, wenn es mehrere Tage hintereinander bewölkt ist und wir nicht viel fahren. Für solche Fälle gibt es aber im Zweifel natürlich Stellplätze oder Campingplätze, auf denen man einfach Strom aus der Dose bekommen kann.

Aber ist das Leben als digitaler Nomade wirklich so, wie man sich das in seinen Träumen immer ausmalt? – Das kommt natürlich etwas auf die Träume an, aber für mich ist es tatsächlich unglaublich schön! Gerade sitze ich auf der Rückbank meines Busses, den Laptop auf den ausgestreckten Beinen und vor meiner Tür spiegelt sich die Sonne im Meer. Allerdings benötigt man auch ein gewisses Maß an Selbstbeherrschung. Es ist verlockend, den Laptop jetzt einfach zuzuklappen, zum Strand zu laufen und die Füße ins Wasser zu stecken. Mir hilft ein fester Rhythmus dabei, meine Arbeit zu organisieren. Deshalb arbeite ich, je nach Arbeitsaufkommen, morgens eine bis mehrere Stunden am Laptop. Im Anschluss kann ich dann unbeschwert den Tag genießen. Da ich mit meinem Sohn unterwegs bin, wird meine Produktivität natürlich auch durch ihn beeinflusst. Es gibt Tage, an denen er sich ewig gedankenverloren mit seinem Lego beschäftigt, allein die Natur entdeckt oder mit anderen Kindern spielt. An diesen Tagen schaffe ich wirklich viel und versuche dann auch so viel wie möglich zu erledigen, um für die anderen Tage, an denen er sich einfach nicht so gut allein beschäftigen kann, Luft zu haben. Denn auch diese Tage gibt es.

Eltern kennen es vermutlich. Nach gefühlt 100 Mal »Mamaaa ...!?!?!?« innerhalb von zehn Minuten kann man sich einfach nicht mehr konzentrieren. An solchen Tagen erledige ich schnell das Allerwichtigste und dann verbringen wir Zeit gemeinsam. Zum Beispiel bei einer kleinen Wanderung.

Anfangs habe ich diesen Arbeitsrhythmus sieben Tage die Woche durchgezogen. Mittlerweile habe ich erkannt, dass mir zumindest ein komplett freier Tag pro Woche guttut. Deshalb versuche ich nun den Sonntag möglichst arbeitsfrei zu halten.

## Die Freiheit des Lernens

So unabhängig und selbstständig wie ich arbeite, darf auch mein Sohn im Moment lernen. Er ist beim Off-Campus Programm einer amerikanischen Schule eingeschrieben und lernt frei. Wer sich noch nie mit dem Thema Freilernen beschäftigt hat, fragt sich vermutlich, wie das mit dem Lernen auf Reisen funktionieren soll. Beim Freilernen erfolgt jedes Lernen auf Basis intrinsischer Motivation. Dieses Konzept geht davon aus, dass jeder Mensch das natürliche Bedürfnis hat, zu lernen und gibt Kindern dabei die Freiheit, sich in ihrem persönlichen Tempo zu bilden. Unterwegs begegnen uns so viele Eindrücke und Lernanstöße, dass ich mir keinerlei Sorgen mache, dass mein Sohn nicht genug gefordert und gefördert wird. Ich bin zum Beispiel immer wieder erstaunt, wie viele Details er sich merkt, wenn wir in einem Museum waren oder uns etwas auf andere Weise genauer anschauen. Oft hat er noch einige Frage, deren Antworten ich selbst erst recherchieren muss oder er liest selbst zu dem Thema noch etwas. Ich bin überzeugt, dass das so erlangte Wissen definitiv nachhaltiger ist, als Wissen, das einfach trocken auswendig gelernt wird.

In den meisten europäischen Ländern ist die Vermittlung von Wissen übrigens nicht an den Besuch einer Schule gebunden, sondern darf auf andere Weise erfolgen. In Deutschland sieht das leider noch anders aus.

## Lagerkoller!?

Bevor unsere Reise losging, war eine meiner Sorgen, dass uns der wenige Platz, den wir im VW-Bus haben, irgendwann nervt. Bisher waren wir schließlich immer maximal drei Wochen am Stück unterwegs und hatten danach wieder unsere großen Betten, eine Küche mit allen möglichen technischen Geräten, eine Dusche und vor allem ausreichend Zimmer, um sich auch einmal zurückziehen zu können. Falls uns die Decke auf den Kopf fiele, war Plan B, zwischendurch einfach mal eine Ferienwohnung zu mieten. Bis jetzt haben wir von dieser Möglichkeit noch nicht Gebrauch gemacht, denn die Decke ist zwar verdammt niedrig, aber dafür ist der »Vorgarten« umso größer. Wir sind viel draußen unterwegs und haben so betrachtet sogar mehr Platz als in unserer alten 65m² Wohnung.

Bis jetzt vermisse ich auch keine der vielen Dinge, die in unserem 8m² Container stecken. Ganz im Gegenteil: Ich frage mich mittlerweile, warum ich nicht noch viel mehr Sachen aussortiert und verkauft habe. Während dieser Reise spüre ich ganz besonders, wie wenig ich benötige, um wirklich glücklich zu sein. Und dass es ganz andere Dinge sind, als die, von denen einem sonst vorgegaukelt wird, dass man sie für ein tolles Leben braucht. Die Möglichkeit, frei über das eigene Leben zu entscheiden, jeden Tag so zu gestalten wie man das möchte, ist so unglaublich viel wert! Ich bin dankbar für jeden Tag, den ich so leben darf! Und jetzt klappe ich den Laptop zu, laufe zum Strand und stecke meine Füße ins Wasser!

## //Drei Fragen zum Schluss

**Gab es Momente, in denen du dich unwohl gefühlt hast oder sogar Angst hattest?**
Meine Wohnung aufzulösen, war ein großer Schritt, der zunächst deutlich außerhalb meiner Komfortzone lag. Es ist ein komisches Gefühl loszufahren und zu wissen, man kann nicht einfach umkehren, weil man eben keine Wohnung mehr hat. Ich habe mir Sorgen gemacht, wie mein Sohn das längerfristig finden würde. Würde er irgendwann einfach nur zurück wollen? Schließlich waren wir bisher maximal drei Wochen am Stück zusammen unterwegs gewesen. Glücklicherweise scheint er aber das Abenteuer-Gen von mir geerbt zu haben.

**Wie hat sich deine Beziehung zu deinem Sohn auf Reisen und auf engem Raum verändert?**
Erstaunlicherweise gibt es in unserem kleinen VW-Bus weniger »dicke Luft« als zu Hause. Das liegt zum einen daran, dass wir viel draußen unterwegs sind, aber mit Sicherheit auch daran, dass wir beide mittlerweile deutlich entspannter sind als in Deutschland.

**Welcher Ort hat dich am meisten überrascht?**
Die gesamte Küste der Algarve! Ich kann da gar keinen Ort besonders herausstellen. Immer wieder entdecken wir neue Strände und sind wieder sprachlos. Dass es eine solche Küste in Europa gibt, hätte ich ehrlich nicht gedacht. Natürlich bekommt man auf Fotos einen Eindruck, aber live ist es einfach überwältigend.

## //Über die Autorin

Anja Hänisch liebt es, zusammen mit ihrem Sohn die Welt im VW-Bus zu entdecken. Zusammen waren sie zum Beispiel schon in Schottland, Slowenien, Bosnien und Herzegowina, Frankreich und natürlich in Portugal. Zukünftig sollen noch viele weitere Länder und Abenteuer folgen. Inzwischen arbeitet Anja komplett ortsunabhängig, was sich perfekt mit ihrer Liebe zum Reisen kombinieren lässt. Auf ihrem Reiseblog berichtet sie über ihre Reisen und gibt Tipps rund um Roadtrips, Vanlife und das ortsunabhängige Arbeiten.

www.bullitour.com

# Roadtrip entlang der atemberaubenden Gardenroute in Südafrika

*VON CARLA VOLLERT*

*»Freiheit bedeutet, dass man nicht unbedingt alles so machen muss wie andere Menschen!« – Astrid Lindgren*

Ich steige aus dem Flugzeug aus und ein Lächeln huscht mir über die Lippen. Es geht wieder los, zwei Monate Südafrika warten darauf, mit Abenteuern gefüllt zu werden. Ich laufe durch den Flughafen, schnappe mir Mr. Backpack – meinen großen Rucksack, der mich wie immer auf meiner Reise begleitet –, passiere die Sicherheitskontrolle und stehe tatsächlich in Kapstadt. Wie lange habe ich mir das gewünscht! Nach wenigen Schritten sehe ich in großer Schrift »WELCOME TO THE MOTHER CITY« und bin total glücklich. Den restlichen Tag verbringe ich in kurzen Sachen an der Strandpromenade, die Sonne begrüßt mich mit ihrer Wärme, die ich im Januar in Deutschland so schrecklich vermisst habe. Zum ersten Mal blicke ich zum Tafelberg, sehe Fallschirmspringer vom Lion Hill starten und freue mich über das rege Treiben an der Küste.

Am nächsten Tag geht es los. Mit Jan, Tobi, Tobias und Jenny starte ich auf einen einwöchigen Roadtrip entlang der Gardenroute. Wir sind alle nach Kapstadt gekommen, um hier eine Konferenz zum Thema ortsunabhängiges Arbeiten zu besuchen, doch möchten wir natürlich auch etwas von dem Land sehen. In letzter Sekunde habe ich von dem geplanten Roadtrip erfahren und konnte spontan noch mitkommen. Daher hatte ich nicht so viel Vorbereitungszeit und bin umso gespannter, was diese Tour für mich bereithält. Ich treffe mich mit Tobi an der Bushaltestelle in der Innenstadt. Wir kennen uns nicht persönlich, verstehen uns aber auf Anhieb gut und fahren gemeinsam zum Flughafen. Tobias hat sich netterweise um das Auto gekümmert, dieses bereits abgeholt und so stehen wir nun zu dritt in der Ankunftshalle und warten auf Jan und Jenny. Die beiden sind frisch gelandet und freuen sich sehr, dass wir sie in Empfang nehmen, denn so oft kommt das bei Vielreisenden ja leider nicht mehr vor. Die Gruppe ist komplett, das Auto gepackt und so fahren wir die ersten Kilometer raus aus Kapstadt Richtung Osten. Auch Jan habe ich heute erst richtig kennengelernt. Die Stimmung im Auto ist super! Jeder von uns ist selbstständig und hat tolle Projekte am Start. Die Vorstellungsrunde dauert ein wenig, da es bei jedem viel zu erzählen gibt. Die Zeit im Auto nutzen wir gleich für den Austausch und unterstützen uns gegenseitig mit Tipps zum Business. Es entwickeln sich ganz spontan sogenannte »Masterminds«, in denen einer eine Herausforderung äußert und alle zusammen Lösungen suchen. Das gefällt mir direkt, Freizeit und Arbeit auf so schöne Weise miteinander zu verbinden.

Um uns zu organisieren, haben wir noch in Deutschland eine Excel-Tabelle gepflegt und eingetragen, wo wir halten könnten und was wir gerne sehen möchten. Als ich frage, wann wir denn endlich bei den Pinguinen sind, wird mir mitgeteilt, dass wir diese schon lange hinter uns gelassen haben. Die Pinguine werden wir mit einer Tagestour von Kapstadt aus besuchen. Du kannst dir sicherlich meine Enttäuschung vorstellen … Wie gerne hätte ich die Pinguine direkt an Tag eins kennengelernt.

Den ersten Stopp machen wir in Hermanus, wo wir aus dem Auto springen und das erste Mal richtig am Meer stehen. Mit Strand, Küste und einer Brise Wind. Wie habe ich das vermisst, und wie schön ist es, endlich hier zu sein! Wir haben uns so viel zu erzählen, dass die Zeit wie im Flug vergeht. Die erste Nacht verbringen wir in Agulhas. Da ich spontan dazu gestoßen bin, verbringe ich diese Nacht noch in einer anderen Unterkunft. Die Gastgeber sind super nett. Als ich mich mit den anderen zum Abendessen treffen möchte, bringt mir der Mann noch ein Pfefferspray und einen Stock vorbei, damit ich mich im Falle der Fälle verteidigen kann. In diesem kleinen Ort fühle ich mich allerdings zum Glück total sicher, es ist kaum etwas los und auf den paar Metern zum Restaurant begegne ich keiner Menschenseele.

Am nächsten Morgen, gestärkt durch ein sehr leckeres Frühstück, treffe ich mich mit den anderen. Zusammen machen wir uns auf zum Cape Agulhas. Es ist ein ganz besonderer Ort, denn hier trifft der atlantische auf den indischen Ozean, das bedeutet, ab hier wird das Wasser wärmer. Diese Stelle ist durch große Steine markiert und mit einer kleinen symbolischen Linie versehen. Ich liebe diese Stellen, an denen man an zwei Orten gleichzeitig sein kann und wenn es nur die Grenze zweier Ozeane ist. Auf dem Boden ist eine riesengroße Afrikakarte abgebildet und es wird nochmal deutlich, wie groß dieser Kontinent ist und wie wenig wir davon sehen werden. Als wir weiterfahren, passieren wir den Ort »Heidelberg«. Tatsächlich begegnen uns immer wieder deutsche Namen. Unser nächster Stopp ist Mossel Bay. Hier legen wir uns an den Strand, genießen das Wetter und kommen wieder total in Erzähllaune. Und dann springen wir zum ersten Mal ins Meer – herrlich! Es ist warm genug und so lassen wir uns diesen Nachmittag treiben.

Die zweite Unterkunft unserer Reise ist unglaublich. In der Dolphin Lodge ist ein Zimmer schöner als das andere, wir können uns zum Glück für die Zimmereinteilung schnell einigen. Jenny und ich werden das Mädelsteam und verbringen nun einige Nächte gemeinsam in einem Zimmer. Wie es bei Mädels oft so ist, fällt uns immer mehr ein, über das wir sprechen können und so werden die Nächte für uns besonders lang.

Beim Frühstück am nächsten Morgen können wir unseren Augen nicht trauen. »Delphine!«, ruft Jan begeistert. »So viele Delphine, bestimmt zwanzig Stück!« Jetzt sehe ich es auch. Sie springen vergnügt durch die Wellen. Wir laufen zum Strand und hätten nie mit so etwas gerechnet. Der Strand erstreckt sich kilometerweit, es gibt eine Felswand und dieser Ort entpuppt sich als tolle Fotoshooting Kulisse. Wir sehen, wie die Wellen immer wieder Muscheln und Krabben freispülen und haben sehr viel Spaß dabei, diese kleinen Lebewesen zu beobachten. Auch die Delphine sind noch da und schenken uns mit ihren Kunststücken viel Freude. Auch einige Angler haben sich an diesen leeren Strand verirrt und versuchen ihr Glück beim Fischfang. Nur schwer können wir uns von diesem Ort trennen, um unseren Roadtrip fortzusetzen. Auf dem Weg zum Auto fliegen einige Fallschirmspringer an uns vorbei und grüßen uns freundlich, bevor sie auf dem Sand landen.

Bei unserem nächsten Ziel in Knysna angekommen, können wir es nicht fassen. Die Unterkünfte werden verrückter und verrückter. Wir haben eine riesengroße Villa nur für uns. Oben gibt es für jeden ein eigenes Schlafzimmer, eines schöner als das andere, dekoriert im mediterranen Stil und jedes mit einem eigenen Bad. Unten gibt es eine große Wohnküche. Auf der rechten Seite befindet sich der Wintergarten mit Kamin. Ebenfalls steht im Wohnzimmer ein großer Tisch, an dem wir alle gemeinsam arbeiten können und weiter hinten im Raum befindet sich ein Billardtisch. Das absolute Highlight des Hauses ist der wunderschöne Garten mit hohen Palmen, bequemen Liegestühlen, einem großen, erfrischenden Pool, in dem man gut schwimmen kann und natürlich einem Whirlpool! Alles nur für uns. Hier würden wir gerne ein paar Wochen bleiben und zusammen leben und arbeiten – unglaublich! Tatsächlich schaffen wir es, das Haus noch einmal zu verlassen, um etwas zu essen. Danach genießen wir alle Vorzüge dieser Villa, spielen lange Billard und tanzen und singen zur kölschen Karnevalsmusik – zumindest ein paar von uns …

Am nächsten Morgen fahren wir zu »The Heads«. Von hier oben haben wir eine wunderbare Aussicht über das türkisfarbene Meer, die beeindruckende Bucht, die schöne Stadt und überhaupt ist es traumhaft schön. Das klare Wasser mit den kleinen weißen Booten vermittelt Urlaubsfeeling pur. Die Natur ist so atemberaubend schön und mir fällt wieder auf, wie sehr ich das in einer Großstadt wie Köln vergesse. Gegen Mittag erreichen wir Plettenberg Bay. Als wir in unser Apartment einchecken möchten, teilt uns der freundliche Mitarbeiter mit, dass wir ein Upgrade erhalten. Juhu, Upgrade klingt immer gut! Auch diese Wohnung ist einfach nur außergewöhnlich, wir können es gar nicht glauben, welches Glück wir auf dieser Reise haben. Obwohl die jeweilige Abreise uns immer ein bisschen schwerfällt, werden wir bei dem nächsten Ziel erneut überrascht. In diesem Fall ist die Krönung die riesengroße Dachterrasse, die mit einem Grill ausgestattet ist. Von hier sehen wir auf den Strand und das Meer hinaus. Der Plan fürs Abendessen ist schnell gefasst. Doch bevor es soweit ist, machen wir uns auf zu unserer ersten Wanderung.

Im Robberg Nature Reserve gibt es viel zu sehen. Auch hier ist ein Kap, das ins Meer raus ragt und daher sehr beliebt ist bei den Seerobben. Auf unseren ersten Metern werden wir von Affen begrüßt. Da wir Erfahrung haben, versuchen wir den Abstand so groß wie möglich zu halten. Affen sind schneller als man denkt. Der Wanderweg ist unglaublich schön. Das Meer ist zu allen Seiten um uns herum, und schon bald können wir auf die Seerobben herunterblicken und sehen, wie viel Spaß sie im Wasser haben. Es sind hunderte und viele mehr liegen am Strand und faulenzen. Auf halber Strecke des Rundweges wartet eine Strandzunge auf uns. Wir brauchen nur noch diesen einen Berg hinuntergehen und sind im Paradies angekommen. Jenny kann es kaum erwarten. »Hier, halt mal bitte meine Tasche«, ruft sie begeistert, reicht mir ihre Tasche und kugelt sich den Hügel hinunter. Wir rennen ihr hinterher, ziehen die Klamotten aus und springen ins Meer. Wie schön kann das Leben bitte sein! Die Wellen sind meterhoch und wirbeln uns umher. Immer wieder denken wir daran, dass es ein Freitag im Januar ist, den wir mit Sicherheit nicht besser verbringen könnten. Ich habe viel darüber nachgedacht, wie es in Südafrika sein wird. Doch an so großartige Strände habe ich nicht gedacht und es erinnert mich sehr an Australien.

Als sich der Tag dem Ende zuneigt, müssen wir leider aufbrechen. Der Rückweg führt uns an einer Felswand entlang, die wir wieder hochkraxeln müssen. Von hier können wir auf eine herrliche Wanderung zurückblicken.

Am Abend schmeißen wir wie geplant den Grill an und genießen ein köstliches Abendessen. Nachdem wir die letzten Teller zurück in die Küche getragen haben, zieht ein Sturm auf. Aus dem Nichts startet ein Platzregen und die Stühle auf der Terrasse werden umgeworfen. Wir stehen hinter der Fensterscheibe und können es nicht glauben. Vor zwei Minuten haben wir hier noch in Ruhe gegessen. Also schnappen wir uns unsere Laptops und arbeiten noch etwas, bevor wir uns zufrieden schlafen legen.

Auf unserer nächsten Etappe kommen wir am Fluss Bloukrans vorbei. Wir halten, denn es gibt eine 216 m hohe Brücke, die viele für ihre Bungee Jumps nutzen. Es ist weltweit der höchste Brückensprung. Wir steigen aus dem Auto aus, um uns das verrückte Treiben aus der Nähe anzusehen. Schon beim Zuschauen bekomme ich schwitzige Hände und mein Herz rast in einer Tour. Immer und immer wieder gibt es Mutige, die wirklich springen. Von uns traut sich niemand. Dennoch kann ich es nicht lassen und schicke ein Bild mit mir vor der Brücke an meine Familie mit folgendem Untertext: »Wir haben hier für morgen nen Bungee Jump gebucht. Ich scheiß mir in die Hose!« Es wäre nicht das erste Mal, dass ich bei solchen Aktionen mitmache. Aber hier muss ich passen, das ist mir dann doch um 100 m zu hoch. Meine Mama antwortet »CARLA MUSS ES DENN SEIN!?!« Natürlich kläre ich sofort auf, dass es nur ein Scherz war. Sie verzeihen mir und sind erleichtert, dass ich dieses Mal nicht den Boden unter den Füßen verliere. Um zum Punkt des Absprungs zu kommen, müsste man unten an der Brücke entlanglaufen. Durch das Gitter kann man in die Schlucht und auf den Fluss schauen – allein diesen Weg würde ich nicht überstehen. Wir hatten uns im Vorfeld bereits einige Videos auf YouTube angesehen. Das war nicht die beste Idee, der Mut verließ mich recht schnell.

Weiter geht es nach Stormsriver. Das heutige Hotel hat einen afrikanischen Stil. Die Inneneinrichtung ist komplett aus Holz und sehr schön gemacht. Den sehr gepflegten Außenpool können wir leider auf Grund des Wetters nicht nutzen, doch wir freuen uns schon auf den morgigen Tag. Gut erholt brechen wir auf zum Tsitsikamma Nationalpark. Ein absolutes Must-do auf der Gardenroute. Der Wanderweg führt entlang der Küste über Felswände, durch Wälder oder am Strand entlang. Nach einiger Zeit erreichen wir auch die ersten Hängebrücken. Es sieht atemberaubend aus, dahinter die Berge, die Brücken über dem Meer und ein paar Kanufahrer sehen wir ebenfalls. Tobi entdeckt einen Wanderhinweis. »Lasst uns mal hier hochgehen!«, ruft er. Wir folgen dem Pfeil und laufen einen Berg hinauf und hinauf. Obwohl ich nicht so fit bin, gehe ich mit und bin total stolz, als wir nach vielen Treppen und steilen Felsen schließlich oben ankommen. Was für eine Aussicht! Vor uns liegt eine Bucht mit langem Sandstrand, blauem Meer und auch die weißen Wellen können wir gut erkennen. Nach einer kurzen Pause gehen wir wieder hinunter und müssen leider zurück zum Auto, es ist schon spät. Wir haben einen recht straffen Zeitplan, denn wir möchten in einer Woche so viel erleben, wie möglich.

Der nächste Stopp ist in Jefferey's Bay, was besonders für Surfer ein sehr beliebter Haltepunkt ist. Uns fallen direkt die bunten Strandhäuser ins Auge, die so viel Freundlichkeit ausstrahlen. Ansonsten ist leider nicht viel los in der Stadt, denn es ist Sonntag und da ist auch in Südafrika alles geschlossen. Schade, denn es gibt auch viele Outlet-Shops, die wir gerne besucht hätten. Diese Nacht verbringen wir in Colchester. Der morgige Tag soll noch alles toppen, was wir bisher erlebt haben.

Voller Vorfreude sitzen wir am nächsten Morgen am Frühstückstisch: Heute ist Safari-Tag! Wir sind ganz in der Nähe des Addo Elephant National Parks. Ursprünglich wollten wir selbst mit unserem Auto hineinfahren. Nachdem wir aber ein sehr gutes Gespräch mit unserer Gastgeberin hatten, entschließen wir uns kurzer Hand für eine geführte Tour im Minibus. Außer uns fünf fahren noch zwei weitere Gäste mit. Mit unserem Guide haben wir richtig Glück, er hat viele Jahre im Kruger National Park gearbeitet und war anschließend Manager im Addo Elephant Park. Jetzt leitet er ein Gästehaus und fährt seine Gäste durch den Park. Im Laufe unserer Reise haben sich so viele Fragen zu Tieren und Natur angesammelt, die uns auch Google nicht alle genau beantworten konnte. Heute können wir nun alles klären und unser Guide freut sich sehr, dass wir so interessiert zuhören. Nach wenigen Metern im Park können wir den Kopf schon nicht mehr vom Fenster wenden. Wir sehen eine kleine Gruppe Zebras. ZEBRAS! Sie stehen einfach so da und können sich sicher nicht vorstellen, dass wir bei ihrem Anblick bereits völlig aus dem Häuschen sind. Auch für unseren Guide ist es ganz normal. Ab jetzt sind wir Feuer und Flamme! Wie kleine Kinder suchen wir den ganzen Busch ab, um weitere Tiere zu sehen. Wusstest du, dass Zebras schwarz mit weißen Streifen sind und nicht andersrum? Als nächstes sehen wir ein Warzenschwein, das wir natürlich dank dem »König der Löwen« nur »Pumba« nennen. Auch kommen wir an einem großen Büffelskelett vorbei, was schon einige Jahre am Wegesrand liegt und sehr beeindruckend ausschaut. Auf einmal ruft Tobias: »Schaut mal links, Elefanten!« Und tatsächlich, endlich sehen wir weit entfernt Elefanten! Erst nur zu zweit oder versteckt im Gebüsch. Bei dem nächsten Wasserloch sehen wir dann die ersten Gruppen und lernen, dass die Männer allein leben und die Frauen mit Kindern eine Gemeinschaft bilden. Sehr interessant! Als wir weiterfahren kommen die Elefanten ganz nah. Plötzlich läuft tatsächlich einer keinen Meter von uns entfernt am Auto entlang. Ganz langsam, wie in Zeitlupe und majestätisch schreitet er voran. Wir können vor Ehrfurcht nicht atmen. EIN ELEFANT! Direkt neben uns! Wir fahren weiter und was wir nun zu sehen bekommen, hätten wir uns niemals erträumt. Es stehen über 200 Elefanten zusammen und verstecken die Babyelefanten in ihrer Mitte. Niemals hätte ich gedacht, so viele Dickhäuter auf einem Haufen zu sehen. Auch hier gibt es ein Wasserloch, in dem manche baden, spielen und etwas kämpfen. Die Minuten vergehen und wir genießen diesen Anblick. Das ist Natur, das ist Leben!

Gerne würden wir bleiben, doch sind wir noch auf der Suche nach Löwen und Nashörnern. An einem Aussichtspunkt dürfen wir aussteigen und trauen uns tatsächlich, den Minibus zu verlassen. Das Schild mit der Aufschrift »Beware of Lions« versuchen wir zu ignorieren. Mit den Ferngläsern suchen wir den kilometerweiten Park nach wilden Tieren ab. Diese Weite! Was für ein Tag! Nach dem Mittagessen kommen wir wieder an dem Wasserloch vorbei, an dem vor wenigen Stunden noch unzählige Elefanten standen. Und jetzt – keiner! Wir können nicht einen Elefanten in der Gegend ausmachen. Wie bitte können sich 200 graue Berge verstecken? Wir sind sprachlos und freuen uns, als uns kurze Zeit später ein Elefant den Weg versperrt. Mit unzähligen Bildern, grinsenden Gesichtern und purem Glück endet dieser Tag in unserer Lodge. Ob wir so viel auch selbst gefunden hätten bezweifeln wir und freuen uns, diese Tour mit unserem Guide gemacht zu haben.

Am nächsten Tag steht für uns bereits die Rückreise an. Ich bin total dankbar für die letzten abenteuerlichen Tage. Auch jede Nacht woanders zu schlafen, gefällt mir sehr gut. Wann hat man sonst die Gelegenheit, so viele schöne Unterkünfte zu besuchen, als im Urlaub oder auf Reisen? Ich genieße die täglich neue Wohnsituation sehr. Als wir unsere letzte Fahrt antreten und vom Parkplatz rückwärts ausparken, hören wir plötzlich einen lauten Knall. »Was war das?«, fragt Jenny. Verwirrt gucken wir uns an. Langsam traut sie sich auszusteigen. Wir haben einen großen Stein, der die Einfahrt eingrenzt, voll erwischt. Ich steige ebenfalls aus, um mir das Ganze anzusehen.

Nicht gut, gar nicht gut, dabei ist doch bisher alles glatt gelaufen. Trotz Linksverkehr und kleinen Änderungen in den Straßenverkehrsregeln hat Tobias als Fahrer einen grandiosen Job gemacht. Diesen Stein konnte man beim Ausparken überhaupt nicht sehen und ich bin mir sicher, dass wir nicht die ersten sind, die ihn mitnehmen. Wir überlegen gemeinsam, wie wir hier wieder rauskommen. Der große Stein sitzt zwischen dem Rad und der hinteren Außenverkleidung fest. Es nützt nichts, wir können das Auto nicht anheben, also bitte einmal nach vorne fahren. RATSCH! Die komplette hintere Außenverkleidung ist abgerissen und wackelt vor sich hin. *Oh nein, oh nein! Das wird teuer!* denke ich nur. Gemeinsam schauen wir uns die Situation nun ganz genau an. Wir versuchen zusammen den Schaden zu reparieren. Ein bisschen links drücken und dann mit ein wenig Druck hier und dann alle zusammen ganz fest. »Es hat geklappt!«, ruft Jan glücklich! »Es hält und sieht fast aus wie neu!«, bestätigt auch Tobi erleichtert.

Wir fahren nach Port Elisabeth zum Flughafen, geben das Auto zurück und sind total froh, dass wir mit einem kleinen Schockmoment davongekommen sind. Die nächsten Tage verbringen wir in Kapstadt. Hier haben wir eine gute Zeit bei der Konferenz für ortsunabhängiges Arbeiten, lernen viel für unser Business dazu und connecten uns mit neuen Leuten. Doch der Tagesausflug zum Kap der guten Hoffnung darf natürlich nicht fehlen. Mit einer großen Gruppe und einem eigenen deutschsprachigen und sehr lustigen Guide, nehmen wir uns einen Tag Zeit. Wir fahren eine der spektakulärsten Panoramastraßen der Welt entlang – den Chapman's Peak Drive. Von hier geht es weiter zum Kap, wo wieder einmal unzählige Bilder gemacht werden. Mit einer kleinen Wanderung entlang der windigen Küste erreichen wir den großen Leuchtturm und Aussichtspunkt, bevor der Minibus uns wieder einsammelt und nach Simon's Town bringt. Und nun darf ich endlich die Pinguine am Boulders Beach kennenlernen. Diese kleinen Kerlchen leben hier tatsächlich in freier Natur, wunderbar und so süß. Nach einigen Erinnerungsfotos kann ich mich schweren Herzens von ihnen trennen. Zum Abschluss unserer Tour machen wir ein Wine-Tasting, was auf einer Südafrikareise nicht fehlen darf.

In den darauffolgenden Tagen fliegen einige von unserer Gruppe zurück nach Deutschland und andere schauen sich noch weitere Länder in Afrika an. Ich bleibe in Südafrika, genieße einige Wochen in Kapstadt, fliege mit dem Helikopter eine spektakuläre Runde über den Tafelberg, besuche die tollen Foodmarkets am Wochenende und lausche den Konzerten im Botanischen Garten Kirstenbosch. Ebenfalls verbringe ich meine Zeit am Bloubergstrand im Norden der Stadt, wo ein großes Kitesurf-Event stattfindet, fahre auf eine einwöchige beeindruckende Safari-Tour im Kruger Nationalpark, wo wir unzählige wilde Tiere sehen und Elefantenkot zur Stärkung unserer Abwehrkräfte rauchen und schließe meinen Südafrika-Besuch in der Surfer Stadt Muizenberg ab. Noch immer kann ich nicht glauben, wie viele Abenteuer man in so einer kurzen Zeit erleben kann und wie gut es tut, die kalten Monate aus Deutschland rauszukommen, um Sonne zu tanken und gestärkt in das neue Jahr zu starten.

Falls du noch nicht in Südafrika warst, solltest du schnellstmöglich deinen Flug buchen! Du wirst es ebenfalls lieben, das verspreche ich dir!

## //Drei Fragen zum Schluss

**Reist du lieber allein oder mit Freunden?**
Hm, das ist eine schwierige Frage. Ich liebe es allein zu reisen und das ist das, was ich in meinem Leben am meisten gemacht habe, sei es zusammenhängend 1,5 Jahre auf Weltreise oder mal für ein paar Monate oder auch nur für einen Kurztrip in Europa. Ganz allein ist man ja eh nicht, ich habe immer schnell Leute kennengelernt und finde generell schnell Anschluss. Auch finde ich es sehr wichtig, solche Erfahrungen zu machen und zu sehen, wie man ganz allein zurechtkommt. Dennoch hat es auch etwas Schönes, die Erlebnisse mit Freunden zu teilen und später gemeinsam in Erinnerungen zu schwelgen. Ich denke, beides hat seinen Reiz. Viel wichtiger ist, dass du dich trotzdem aufmachst, auch wenn du gerade keinen Reisepartner findest. Es sollte nie ein Grund sein, nicht zu reisen, wenn man denn unbedingt ein Land bereisen möchte.

**Welche Erfahrungen aus Südafrika nimmst du mit in deinen Alltag?**
Es gibt einiges, was ich in Südafrika lernen durfte und was mich für immer begleiten wird. Zum einen haben sie ein enormes Wasserproblem. Jeder wird somit angehalten nicht bei jedem Toilettengang zu spülen und das Duschwasser aufzufangen, um es für solche Zwecke zu benutzen. Ich habe viel mehr darauf geachtet, wieviel Wasser ich beim Duschen oder Zähneputzen verbrauche. Hier in Deutschland ist es für uns selbstverständlich, es ist immer genug Trinkwasser da, aber grade in Kapstadt ist es ein riesen Problem. Das gleiche gilt für den Strom. Zwischenzeitlich gab es sogenannte »Load Sheeding«, das bedeutet, dass es geplante Stromausfälle gibt. Es gibt eine Übersicht, wo jeder für seinen Stadtteil pro Tag die Zeiten einsehen kann, wann der Strom nicht da ist. Erst war ich sehr

entspannt und dachte nur, ja gut, lade ich den Laptop halt rechtzeitig auf. Aber auch das Internet ist weg, das Licht geht nicht, der Kühlschrank fällt aus, man kann nicht tanken oder einkaufen, weil die Kassen mit Strom betrieben werden. Nicht jeder hat einen Generator. Das war ebenfalls eine wichtige Erfahrung, so mussten wir unseren Tagesablauf ganz anders einteilen. Und natürlich leben in Kapstadt arm und reich direkt zusammen. In der einen Straße stehen die großen Villen und um die Ecke gibt es dann die großen Townships. Auch damit muss man erst einmal zurechtkommen.

## Wann ist dein Reisehunger gestillt?

Diese Frage bekomme ich sehr oft. Neulich war ich in Südamerika und danach wurde ich gefragt: »Jetzt hast du ja alles gesehen, jetzt bleibst du sicher hier, oder?« So ist es aber nicht. Ich habe keine Checkliste, die ich abarbeite. Natürlich habe ich Länder, die ich gerne besuchen möchte, es ist aber keine Wenn-Dann-Liste. Es gibt so viel, was ich noch erleben möchte, was ich mit eigenen Augen sehen möchte. Auf Reisen bin ich ein ganz anderer Mensch und ich genieße diese Zeit total. Ich würde es niemals von jetzt auf gleich aufgeben und es ist auch schwer zu erklären, was dieses »Fernweh« wirklich bedeutet. Ich denke alle hier aus diesem Buch sind im positiven Sinne mit dem Reisevirus infiziert und es ist eher ein Lebensgefühl Neues zu entdecken und Abenteuer zu erleben. Wann und ob das aufhört weiß ich nicht, bezweifele aber, dass es bald sein wird.

## //Über die Autorin

Carla Vollert ist leidenschaftliche Event Managerin und reist gerne durch die Welt. Seit drei Jahren kann sie nun beides. Ihr ortsunabhängiges Business ermöglicht ihr, sich ihr Leben so zu gestalten, wie es ihr gefällt.

Da sie das Reisen und Event Management liebt, lag es nahe, dass sie 2016 die »Backpack Stories« gegründet hat. Das sind deutschlandweite Reiseevents. Dazu gehört ein Podcast und nun auch eine Reihe an Büchern. Bei ihren Kundenevents geht es ebenfalls hauptsächlich um die Themen ortsunabhängiges Arbeiten und persönliche Weiterentwicklung.

# Ein Wort zum Schluss

Ich freue mich sehr, dass ich auch bei diesem zweiten Buch wieder so wunderbare Autoren gewinnen konnte. Sie alle zeigen uns, dass wir jede Reise selbst gestalten können. Durch eine Reise mit dem eigenen Auto können wir ganz andere Abenteuer erleben. Sei es in fernen Ländern oder nah vor der Haustür, ob mit Kindern im Urlaub oder als Lebenskonzept und festem Wohnsitz im Van.

Ich hoffe, dass wir auch dich dafür begeistern konnten und du das Fernweh in dir spürst. Entfliehe dem Alltag, indem du deinen ganz eigenen Roadtrip planst. Jede unserer beschriebenen Reisen hatte einen anderen Antrieb und du wirst nie wissen, was der nächste Tag für dich bereithält. Sei offen Neuem gegenüber, sei bereit, auch mal ungeplanter aufzubrechen und ich verspreche dir, du wirst die Zeit deines Lebens haben!

**Danke sehr**

Ich möchte mich an dieser Stelle ganz doll bei meinen Co-Autoren bedanken, dass sie ihre Reisegeschichten mit uns geteilt und zusätzlich noch persönliche Fragen für uns beantwortet haben. Ohne euch gäbe es dieses Buch nicht und ich freue mich wirklich über jedes einzelne Erlebnis. Auch Danke an meine Gardenroute-Crew, dass ich unser Abenteuer hier niederschreiben durfte! Ebenfalls geht mein besonderer Dank an Ramona und Ulrich vom Wenn Nicht Jetzt-Verlag, mit denen ich gemeinsam dieses Projekt realisiert habe.

Und natürlich geht das größte DANKESCHÖN an DICH! Dass du dieses Buch in Händen hältst, bedeutet mir sehr viel! Von uns allen steckt so viel Herzblut in diesen Geschichten, daher freuen wir uns, wenn dir dieses Buch gefällt. Schreibe uns doch gerne eine positive Bewertung auf Amazon, denn dadurch können auch andere das Buch schneller finden. Gerne kannst du auch deine Gedanken zu dem Buch auf Instagram mit uns teilen oder mir direkt Senden, an

carla@backpack-stories.de.

Und jetzt geh selbst hinaus und erlebe Abenteuer! Wenn du möchtest, kannst du sie dann mit uns auf meinen Events, in meinem Podcast oder im nächsten Buch teilen. Hab viel Freude beim Reisen!

## Mit Rucksack los – mit Geschichten zurück!

*Was würdest du antworten, wenn ich dich nach deinem absoluten Reisehighlight – deiner Backpack Story – frage?*

In diesem Buch findest du 12 spannende Reiseabenteuer, die genau diese Frage beantworten. Die schönsten Momente, die wir Autoren auf Reisen in den unterschiedlichsten Ländern erlebt haben.
Von Neuseeland bis Peru, von Südafrika bis zum Nordkap sind Augenblicke entstanden, die unvergesslich bleiben. Wir nehmen dich mit auf unsere Abenteuer und möchten dich ermutigen, mehr zu reisen und dir die Welt anzusehen. Die Erlebnisse könnten unterschiedlicher nicht sein. Wir reisen im Van, mit dem Bus, im Jeep oder per Flugzeug und erinnern uns mit dir an die Geschichte unseres Lebens!

www.backpack-stories.de/buch

Carla Vollert hat 2016 ihr Herzensprojekt die „Backpack Stories“ gegründet.

## Backpack Stories Events

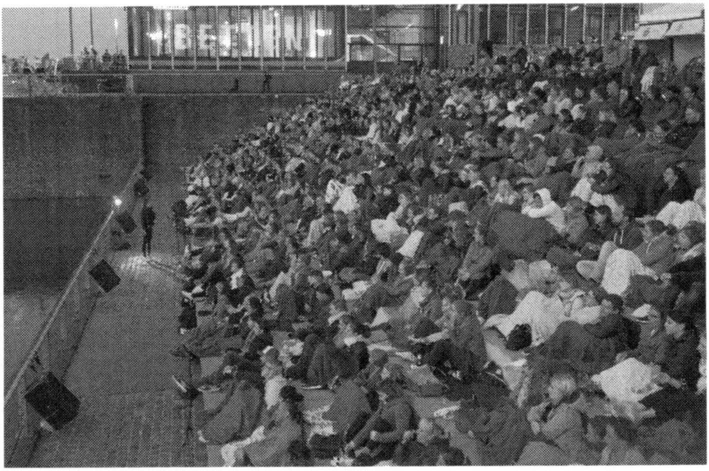


Die deutschlandweiten Reise-Events der Backpack Stories stehen unter dem Motto: **Mit Rucksack los - mit Geschichten zurück!** Jeder, der ein Abenteuer auf seinen Reisen erlebt hat, bekommt bei diesen Events die Möglichkeit, seine spannende Geschichte auf der Bühne mit anderen Travellern zu teilen.

www.backpack-stories.de/events

## Backpack Stories Podcast

Der Reisepodcast ist die ergänzende virtuelle Bühne für einzigartige Reisegeschichten. Da wir nicht immer alle gleichzeitig an einem Ort sein können, bietet der Podcast dir die Chance, die Geschichten auch unterwegs zu hören, wo auch immer du gerade bist.
Natürlich gibt es den Podcast auch bei iTunes oder der Podcastapp deiner Wahl!

www.backpack-stories.de/podcast

## Backpack Stories Community

Carla hat online wie offline eine Reisecommunity geschaffen, die täglich wächst. Für deine Fragen und den Austausch mit anderen Globetrottern trete gerne auch der Facebook Gruppe hinzu:

www.facebook.com/groups/
backpack.stories.community

## Backpack Stories auf Social Media

Folge mir doch auf meinen Social Media Kanälen auf Facebook & Instagram, um nichts mehr zu verpassen.

Facebook: www.facebook.com/BackpackStoriesEvent
Instagram: www.instagram.com/backpackstories.event

## Über den Wenn Nicht Jetzt-Verlag

Die Idee zum Wenn Nicht Jetzt-Verlag entstand auf Reisen und er wurde am Lagerfeuer an einem Strand von Sizilien gegründet. Und genau das sind auch die Themen unserer Bücher: Reisen, Abenteuer, Auszeit, das Gute Leben, ortsunabhängiges Arbeiten, Veränderung und Neuanfang. Schau doch mal auf unserer Seite www.wnj-verlag.de vorbei und geh mit uns auf Reisen durch ermutigende, spannende, lustige und berührende Geschichten.

Wir freuen uns auf dich!
Ramona & Uli

»Holy Bearshit – Eine Abenteuerreise auf der Suche nach den letzten Bären Europas« von Christian Siry

Der Lebenskünstler Sirius träumt davon, einmal einem Bären zu begegnen. Er macht sich zusammen mit seinem Kumpel Mohammad und einem alten Camper zu einem abenteuerlichen Roadtrip auf, um in Europas Wäldern nach Bären zu suchen. Der Zufall wird zum unfehlbaren Navigationssystem auf ihrer kuriosen Reise voller verrückter Situationen, skurriler Begegnungen und wilder Naturerfahrungen.

»GO REMOTE! – Ab jetzt ortsunabhängig arbeiten und selbstbestimmt leben« von Bea Uhlenberg & Jan C. Ollig

Diese Trilogie zeigt dir, wie du deinen Traum von der beruflichen Ortsunabhängigkeit erfolgreich umsetzt. Lass dich von Menschen inspirieren, die bereits den Remote-Lifestyle leben und hole dir wertvolle Tipps und Insights aus erster Hand. Über 80 unterschiedliche Jobs werden ausführlich vorgestellt und du erhältst das nötige Rüstzeug, um sofort loszulegen.

Printed in Poland
by Amazon Fulfillment
Poland Sp. z o.o., Wrocław

51884034R00094